国际旅游者视角下的
我国入境旅游安全气候研究

张若阳　陈磊／著

中国旅游出版社

本书由教育部人文社会科学研究一般项目《我国入境旅游中的旅游安全气候：概念、评价体系及效应研究——基于国际游客感知的视角》（项目批准号：18YJC630248）资助

前言

入境旅游是一个国家国际吸引力、国家形象和文化软实力的最直接体现之一，能够有力地彰显其在国际旅游市场上的地位和综合竞争力。对我国而言，重视并大力发展入境旅游是加快建设旅游强国的重要内容，对于带动旅游业整体水平提升、拉动经济和消费、促进对外开放、传播中华优秀传统文化和文明成果等具有十分重要的意义。随着新冠疫情后国际旅游市场的不断恢复，加之我国陆续出台了一系列简化入境手续的利好政策，目前我国入境旅游正进入繁荣发展的新阶段，海外游客来华需求和实际入境人数都呈现迅速增长的态势。在学术研究领域，入境旅游也获得了国内外学者的较多关注，学者们从不同的视角对其展开了多方面的研究。然而，对入境旅游情境下国际旅游者对目的地旅游安全的整体感知以及影响因素的研究仍较为有限。

本研究基于现有文献资料，结合当前我国入境旅游发展的客观实践，将"安全气候"引申至入境旅游的研究情境，提出并界定了旅游安全气候的概念，在此基础上，从国际旅游者感知的视角对我国当前入境旅游安全气候展开研究，尝试对入境旅游安全气候的关键维度进行解构，并探究影响国际旅游者对我国入境旅游安全气候感知的现实问题，分析这些问题的形成原因，然后给出具有可行性和针对性的解决对策。

　　本研究既能够为我国入境旅游、旅游安全、旅游者感知等提供新的理论视角，也能够为提升国际旅游者在我国的安全感知和旅游体验、促进我国入境旅游行业的长足发展提供有价值的理论参考。

目 录

第一章　我国入境旅游发展研究概述

一、概念界定

入境旅游概念的形成伴随着旅游业的国际化、全球化进程而产生。在旅游业发展初期，旅游活动分类较为宽泛，尚未形成如今严格的分类体系。随着现代旅游业的持续演进以及国际旅游统计工作的需要，入境旅游的概念随着国际组织的介入而逐步被提出和确立。1937 年，临时国际联盟统计委员会将国际旅游者定义为"离开定居国到其他国家旅行访问超过 24 小时的人"。1975 年，联合国世界旅游组织（UNWTO）在其《旅游术语》中首次提出入境旅游的概念，认为入境旅游是指非本国居民以非永久性目的进入一国境内进行的旅行活动。这一定义初步明确了入境旅游非本国居民和非定居、非工作为主的核心要素，这为统计学上的入境旅游分析提供了基本框架，也为各国统计国际旅游活动提供了统一依据。在 1991 年的《国际旅游统计推荐书》中，UNWTO 将入境旅游的定义细化为"非居民以非日常生活为目的进入某一国家的活动，不论停留时间长短，但需排除短期过境者，如机场转机或停留少于 24 小时的旅行者，排除包括移民、跨境就业或外交官等非休闲者"。这个概念明确了"24 小时"的时间界定，以及非居民身份与非日常活动的逻辑关系，为进一步精确统计提供了依据。

在《2008 年旅游统计国际建议》中，UNWTO 为了便于统计和分析旅游活动，对旅游进行了标准化的划分，主要分为国内旅游、入境旅游、出境旅游三大类。入境旅游也有了明确的界定：是指一个国家的非居民出于休闲、商务、健康、宗教、探亲等目的进入该国的所有旅行行为，但不包括跨境劳务和永久迁移。入境旅游涵盖了短期（不满 24 小时）和长期（超过 24 小时）行为，前提是旅行者不在该国获得经济报酬（非移民或劳务）。这个定义将旅游行为与劳务经济活动区分开，并扩大了入境旅游涵盖的目的范围。具体来说，入境旅游的定义体现了非居民、短期访问、访问目的、经济活动几个关键要素。非居民是指入境旅游的游客来自其他国家，即他们通常居住在其他国家。短期访问是指入境旅游涉及短期逗留，而非长期居住，通常情况下，这类访问的时间限制不超过一年。入境旅游的目的可能多种多样，包括休闲和娱乐（如度假、旅游观光）、商务活动（如会议、展览）、探亲访友、教育和培训、健康和医疗等。经济活动是指在访问期间，入境旅游者在住宿、饮食、交通、购物和娱乐等方面进行消费，从而对接待国的经济产生直接和间接的影响。这个定义被目前国际社会普遍采纳，为世界各国提供了旅游数据统计的标准化框架，有利于更好地分析国际旅游业的动态和趋势。通过对入境旅游的标准化界定，各国可以进行更有效的数据比较和政策制定。

我国对入境旅游采取了适合中国国情的定义。国家统计局把入境旅游定义为非境内居民到境内进行的旅游活动，包括观光、度假、探亲访友、医疗、购物、参加会议及从事经济、文化、体育、宗教活动等。出于管理方便和创汇的目的，我国把港澳台居民赴内地（大陆）旅游列入入境旅游范畴，所以我国入境旅游者在数据统计上包括外国人和我国港澳台同胞两类。政府部长以上官员及其随行人员，外国驻华使领馆官员，外交人员及其随行家庭服务人员和受赡养者，常住中国一年以上的外国专家、留学生、记者、商务机构人员等特定类别的人员不被纳入统计。我国入境旅游的主要指标为入境旅游人数和入境旅游收入。入境旅游人数是指报告期内来中国（内地或大陆）观光、度假、探亲访友、就医疗养、购物、参加会议或从事经济、文化、体育、宗教活动的外国人、我国港澳台同胞等游客。统计时，入境游客按每入境一次作为 1 人次纳入统计，包括入境过夜游客和入境一日游游客。入境旅游收入指入境游客在中国（内地或大陆）境内旅行、游览过程中用于交通、参观游览、住宿、餐饮、购物、娱乐等的全部花费。

本研究着重研究来自世界其他国家和地区的国际旅游者，即外国人，我国港澳台同胞不作为主要研究对象。

二、我国入境旅游的发展历程

入境旅游是衡量一个国家旅游发展国际化水平的关键指标，在我国从旅游大国迈向旅游强国的进程中发挥着重要作用,是推动实现中国旅游现代化的关键引擎。新中国成立以来,中国入境旅游得到了长足发展,经历了一个从起步到快速增长,再到结构调整与高质量发展的过程,其发展历程也见证了国家从封锁到开放,从追求数量到注重质量的转变。回顾中国入境旅游的发展,可以清晰地划分为五个阶段:萌芽与初步探索阶段(1949—1977年)、起步与快速发展阶段(1978—1991年)、稳定增长与市场拓展阶段(1992—2001年)、国际化与品质提升阶段(2002—2012年)、创新发展与融合发展阶段(2013年至今)。

(一)1949—1977年:入境旅游的萌芽与初步探索阶段

新中国成立初期,国际政治环境错综复杂,中国外部面临封锁的不利环境,国家内部基础薄弱、生产力落后、经济发展水平较低。彼时新中国的首要任务是巩固政权,旅游事业紧密依附于外事接待工作,主要作为外事接待的重要组成部分,扮演着展示新中国风貌、推动民间交往以及谋求国际认同的关键角色。围绕着服务外交,秉持"宣传自己,了解别人"的理念,中国开展了选择性的入境旅游业务。这一阶段,中国旅游以接待极少数入境旅游者为主,在国家政策层面,旅游业主要为政府部门邀请的外宾服务,作为国家外事活动的补充而存在。在具体业务开展时,我国旅游业承担着民间外事接待的功能,负责接待国际友人来华访问的政治任务,少数友好国家的政府官员和学术交流人员构成了主要的入境游客群体。旅游活动处于严格的计划管控与政治审查之下,旅游资源的开发与利用均以政治接待需求为核心导向,尚未构建起市场化的旅游业运营模式,入境旅游规模极小。据统计,1950年至1977年,入境旅游总接待人数累计约100万人次,年均接待量不足4万人次。其中,外国游客占比偏低,主要来自社会主义国家、部分友好国家的访问团、代表团以及少量国际友人。旅游外汇收入少,年均不足1亿美元,对国家经济建设的直接贡献较为有限。

1954年4月15日,在周恩来总理的关怀下,中国国际旅行总社(简称国旅总社）在北京成立。同年，在上海、天津、广州等12个城市成立了分支社。国旅总社在成立之初是隶属国务院的外事接待单位。当时，全国还没有专门管理旅游业的行政机构，国旅总社实际上代行了政府的旅游管理职能，是我国经营国际旅游业务的第一家全国性旅行社，其主要职责是接待国家或部门邀请的外宾。按照当时的规定，中国国际旅行总社的任务是："作为统一招待外宾食住行事务的管理机构，承办政府各单位及群众团体有关外宾事务招待等事项，并发售国际联运火车、飞机客票。"中国国际旅行总社的性质为"国有企业"，而实际上是由国家给予差额补贴，每年先由国家拨款某一数额的招待费用于开展工作，到年终结算时，赤字部分由国家给予补贴。中国国际旅行总社的成立标志着旅游接待的制度化，虽然为外国游客提供了一定的接待能力，但其主要服务对象为政治使团和友好访问团体，其功能主要是外事服务，而非市场化运作，旅游活动的经济效益较低。尽管此时入境旅游尚未形成规模化产业发展格局，但已开始在特定历史背景下发挥独特的外交与交流作用。

1954—1970 年国旅总社办公楼

国旅"主外"，以接待外宾为主，而成立于1957年4月的华侨旅行服务总社（简称中旅，1974年加用"中国旅行社总社"名）"主内"，负责接待回家探亲的华侨、外籍华人及港澳台同胞，协调和服务华侨及港澳台同胞的短期归国观光、探亲旅游。中国华侨旅行服务总社的前身是1949年11月19日，在厦门成立的华侨服务社，这是新中国首家具备旅行社性质的机构，专为华侨、侨眷以及港澳台同胞提供服务。此后，泉州、汕头等地纷纷效仿设立华侨服务社，为海外华人归国探亲访友、投资兴业构筑起便捷通道，成为早期入境旅游接待的关键支撑力量。诸多华侨借助华侨服务社精心规划行程，归国领略新中国的建设硕果，体悟祖国的日新月异。他们在国内的消费行为，如餐饮、住宿等开销，在一定程度上激活了当地经济发展。1959年，我国共接待外国旅游者8172名，到1969年，就已经达到了4.5万人。

在20世纪50、60年代，中国迎来一系列具有重大国际影响力的外事访问活动。像1956年印度尼西亚总统苏加诺访华，旅游接待部门在接待过程中巧妙安排参观游览线路，既展示了故宫、天坛等历史文化瑰宝，又呈现了工厂、农村合作社等社会主义建设新景象。通过此类外事接待活动，新中国向世界传递出和平友好的信号，也为入境旅游的宣传推广树立了积极典范。这一阶段，我国政府支持发展旅游业的动机以政治目的为主。20世纪60年代中期，欧美国家成为当时我国旅游业的主要客源市场。周恩来总理出访亚非14国后，来自第三世界国家的访问者数量也有明显的增加。为加强对旅游工作的领导和管理，作为国务院直属机构的中国旅行游览事业管理局于1964年成立，其主要职能是负责管理外国自费来华旅游者的接待工作，领导国内各地设立的旅行社及其直属服务机构的业务，组织我国公民出国旅行，负责有关旅游事务的对外联络和宣传工作。

总而言之，改革开放前，中国旅游业处于特殊发展阶段，更多作为外事接待的一部分而存在，承担着民间外事接待、服务外交工作等功能，处于计划经济体制下严格管控的状态。旅游资源的开发利用、旅游业务的开展等都围绕政治接待需求展开，未形成真正的产业规模与市场化运作模式。旅游服务的对象较为单一，主要以政府邀请的外宾、海外华侨华裔等群体为主。旅游企业在运营上则多依靠国家补贴，产业结构并不完整且规模微小。这一阶段是中国入境旅游的萌芽期，旅游业虽受到经济发展水平与相关政策的限制，但依然为改革开放后旅游业的腾飞打下了基础，对新中国入境旅游的发展起到了重要的铺垫作用。

（二）1978—1991 年：入境旅游的起步与快速发展阶段

1978 年，中国踏上改革开放的新征程，经济体制开启从计划经济迈向市场经济的转型之路，对外开放政策持续推进。旅游业因其在促进经济发展与加强对外交流方面的关键作用，受到国家高度重视，旅游资源开发与旅游基础设施建设被提上日程，一系列鼓励入境旅游发展的政策举措相继出台，涵盖放宽签证政策、加大旅游投资、强化旅游人才培养等多个方面，全力吸引境外游客入境旅游。旅游业在这一时期逐渐突破以外事接待为主的模式限制，朝着综合性经济事业方向发展，从以政治目的为主，到以增加外汇为主，开始重视旅游经济效益、产业协同发展以及面向更广泛的国内外市场。

1978 年入境旅游接待人数仅 180.9 万人次，至 1991 年已飙升至 3335 万人次，年均增长率超 20%。国际游客的数量显著增长，从 1978 年的 23 万人次攀升至 1991 年的 148 万人次。旅游外汇收入也大幅提升，1978 年为 2.63 亿美元，1991 年达 28.45 亿美元，成为国家创汇的重要来源。其中，1985 年，入境旅游接待人数首破 1000 万人次，达 1783 万人次，旅游外汇收入 12.5 亿美元，彰显出这一阶段我国入境旅游的强劲发展态势。

该阶段我国入境旅游市场的蓬勃发展，离不开邓小平等党和国家领导人的高瞻远瞩与亲切指导。1979 年 1 月，邓小平同志在与国务院负责人谈话时指出"旅游事业大有文章可做，要突出地搞，加快地搞"。1979 年 7 月，邓小平在考察黄山时强调："黄山是发展旅游的好地方，是你们发财的地方。省里要有个规划。外国人到中国旅游，有时花钱少了还不满意。你们要很好地创造条件，把交通、住宿、设备搞好。""要有点雄心壮志，把黄山的牌子打出去。"党和政府的高度重视为我国入境旅游发展创造了良好的契机。

众多具有标志性意义的事件也有力推动了我国入境旅游的发展。1983 年，中国国际旅游会议于北京盛大召开，全球旅游专家、学者与企业代表齐聚，共商中国旅游业发展前景与国际合作契机。会议期间，中国展示了丰富多样的旅游资源与产品，与国际旅游界进行交流互动，为吸引更多外国游客奠定了坚实基础。会后，一些国际知名旅行社与中国旅游企业成功牵手，开启中国旅游线路的国际推广之旅，助力中国旅游目的地走向世界舞台。同期，中国加大旅游景区开发力度。1982 年，国务院批准首批 44 处国家级风景名胜区，如八达岭、十三陵、承德避暑山庄、北戴河等。这些景区在基础设施建设与旅游服务优化方面获得了来自官方的大力投入，吸引了大量外国游客前来游览。例如，八达岭长城作为我国最具标志性的景区，在交通条件、导游服务等方面进行升级之后，接待的外国游客逐年递增。据统计，1985 年八达岭长城接待外国游客超 50 万人次，成为中国入境旅游的标志性景点。1986 年，《中华人民共和国出境入境管理法》和《中华人民共和国外国人入境出境管理条例》制定实施，在规范出入境秩序、保障国家安全、促进国际交流以及完善法治体系等方面发挥了不可替代的关键作用，对我国出入境管理与对外交往工作产生深远影响。1990 年，北京亚运会更是成为推动我国入境旅游发展的里程碑，充分展示了中国的国际形象，吸引了大量外国游客，北京的长城、故宫，广州的白云山等重点景区成为入境游客的重要目的地。

改革开放后，我国的发展战略发生了重大变化，旅游业被视为促进经济发展、加强对外交流的重要产业，国家开始重视旅游资源开发、旅游设施建设，并出台诸多鼓励旅游发展的政策，如放宽签证、增加旅游投资、强化旅游人才培养等，从政策上为旅游走向产业化、市场化道路奠定了基础。伴随国家开放政策的实施，旅游业在国民经济中的地位与作用得到了彰显与重视。在一系列旅游政策指引下，历经持续改革，我国旅游业成功突破长期外事接待模式的局限，确立了其综合性经济事业的性质。这一阶段我国入境旅游实现了历史性的跨越，我国港澳台游客及亚洲邻国游客贡献卓著。随着经济发展与旅游基础设施逐步完善，入境旅游迈向规模化发展的新阶段。

（三）1992—2001 年：入境旅游的稳定增长与市场拓展阶段

1992 年，邓小平同志在南方视察过程中，发表了一系列重要谈话，强调坚持不懈地推进改革开放。党的十四大提出建立社会主义市场经济体制的改革目标。旅游业在市场经济的浪潮中加速发展，市场竞争机制逐渐引入，旅游企业全面走向市场化运作。国家提出"大力发展入境旅游、积极发展国内旅游、适度发展出境旅游"的旅游发展战略，并加大对入境旅游市场的开拓，加强旅游宣传营销，改善旅游服务质量，提高旅游业的整体竞争力。

这一时期，我国入境旅游持续保持稳定增长。1992 年入境旅游接待人数为 3811.5 万人次，到 2001 年增长至 8901.3 万人次，年均增长约 10%。旅游外汇收入从 1992 年的 39.47 亿美元增加到 2001 年的 177.92 亿美元。其中，1996 年，我国旅游业创汇 102 亿美元，首破 100 亿美元大关。在客源地方面，亚洲周边国家和地区仍然是我国入境旅游的主要客源地，但欧美等远程客源市场的份额也在逐步扩大。例如，1995 年，日本游客来华旅游人数达到 130.5 万人次，占外国游客总数的 20% 左右；同时，美国游客来华人数也达到 51.5 万人次，显示出欧美市场的潜力。

1992 年，中国首次举办"中国友好观光年"，推出了一系列丰富多彩的旅游节庆活动和旅游产品线路，全国各大旅游城市和景区积极响应，举办了各种特色文化活动，如北京的长城文化节、西安的古文化艺术节等，这些活动全方位展示了中国的历史文化、自然风光和民俗风情，吸引了大量外国游客。据统计，在首届"中国友好观光年"期间，入境旅游接待人数较上一年增长了 14%，旅游外汇收入增长了 38%，极大地提升了中国旅游的国际知名度和吸引力。这一时期，中国还经历了 1997 年香港回归、1999 年澳门回归等重大事件，国家开放度逐步增加，国际地位不断得到提升。入境旅游进一步充当展示中国国家形象、推动民间交往的角色，使得世界各国进一步加深了对中国的认识和了解，其战略定位向传播中华文化、增强中国文化软实力方向倾斜。从旅游收入来看，入境旅游的创汇作用也在持续发挥。

中国旅游企业也在这一时期开始探索集团化发展道路，以增强市场竞争力。如1998年成立的首旅集团，整合了北京市的酒店、旅行社、餐饮、交通等旅游相关资源，实现了产业链的协同发展。首旅集团通过品牌建设、市场营销、服务质量提升等措施，在入境旅游市场中具有重要地位。旗下的北京饭店作为具有百年历史的高等级酒店，接待了众多国际政要和商务精英，以其优质的服务和独特的文化底蕴成为中国入境旅游高端接待的典范，为提升中国旅游服务形象发挥了积极作用。

在社会主义市场经济体制建立初期，中国入境旅游总体呈现出蓬勃发展的态势。得益于宏观政策的推动以及市场机制的引入，入境旅游在规模上实现了稳定增长，旅游外汇收入显著增加，客源市场结构也逐步优化，不仅稳固了亚洲周边国家和地区的客源，更拓展了欧美等远程客源市场。这一时期，入境旅游对于推动中国旅游业整体进步以及促进中外文化交流、提升国家综合影响力等方面均起到了不可忽视的重要作用。

（四）2002—2012年：入境旅游的国际化与品质提升阶段

2001年，中国加入世界贸易组织（WTO），旅游业面临着前所未有的机遇与挑战。在国际化的大背景下，中国旅游市场进一步开放，外资旅游企业逐步进入中国市场，带来了先进的管理经验和技术。同时，国家加大了对旅游基础设施建设、旅游环境保护、旅游人才培养等方面的投入，推动旅游业的转型升级，以适应国际旅游市场的竞争需求，提高入境旅游的品质和效益。这一时期入境旅游规模持续扩大，但增长速度有所放缓。2002年入境旅游接待人数为9790.8万人次，2012年达到1.32亿人次。旅游外汇收入从2002年的203.85亿美元增长到2012年的500.28亿美元。入境游客的消费结构也发生了变化，休闲度假、商务会议等高端旅游需求逐渐增加，游客对旅游服务质量、旅游产品特色和旅游环境品质的要求也越来越高。

2008年北京奥运会和2010年上海世博会是中国入境旅游发展史上的标志

性事件，中国入境旅游市场充分向世界开放并带动旅游业全面发展[①]。北京奥运会期间，中国投入大量资金建设和完善了体育场馆、交通设施、酒店住宿等旅游基础设施，同时开展了大规模的旅游服务人员培训和旅游环境整治工作。奥运会期间，来自200多个国家和地区的运动员、教练员、媒体记者以及观众等齐聚北京，带来了巨大的旅游消费市场。据统计，奥运会期间直接带动的入境旅游人数超过50万人次，间接带动的旅游人数更是数以百万计。当年，入境旅游接待人数出现了一个高峰，入境游客达到13003万人次，旅游外汇收入达到408.4亿美元，这不仅得益于奥运会的带动效应，也反映出中国在旅游接待设施、服务水平等方面具备了承接大型国际活动的能力。上海世博会同样吸引了全球的目光，以"城市，让生活更美好"为主题，展示了世界各国的城市发展理念和科技文化成果。世博会当年，上海接待入境游客超过800万人次，成为全球旅游的热点地区。这两大国际盛会的成功举办，极大地提升了中国在国际旅游市场的形象和知名度，推动了中国入境旅游的国际化进程。

随着互联网技术的普及，旅游电子商务在中国迅速发展。携程网、去哪儿网等一批旅游电商平台崛起，为入境旅客提供了便捷的旅游预订服务。入境旅客可以通过这些平台轻松预订酒店、机票、旅游线路等产品，同时还可以获取丰富的旅游信息和游客评价。例如，一位来自英国的游客计划来中国旅游，可直接在携程网上预订从伦敦到北京的机票、北京的酒店以及前往长城、故宫等景点的旅游线路，整个过程方便快捷。旅游电子商务的发展不仅提高了入境旅游的服务效率，也促进了中国旅游企业的国际化营销，拓展了入境旅游市场渠道。

这一时期，入境旅游业因市场开放而面临机遇和挑战，国家投入推动转型升级，规模持续扩张且消费结构发生深刻变革，北京奥运会与上海世博会等具有国际影响力的重大事件助力拓展国际市场、提升中国旅游在全球的形

---

① 孙九霞，李菲，王学基."旅游中国"：四十年旅游发展与当代社会变迁［J］.中国社会科学，2023（11）：84.

象与知名度，互联网推动旅游电商兴起，助力提高服务效率、拓展营销渠道……多因素使入境旅游国际化进程加快，品质与竞争力显著提升，重塑了中国旅游业的全球格局地位。

（五）2013 年至今：入境旅游的创新发展与融合发展阶段

党的十八大以来，中国进入新时代，经济发展进入新常态，随着中国国际地位的提升及"一带一路"倡议的实施，中国入境旅游迎来了从数量扩展到质量提升的新机遇和新挑战。国家提出了全域旅游、"旅游＋"等一系列创新发展理念，推动旅游与文化、体育、农业、工业等多产业的融合发展，促进旅游供给侧结构性改革。

政策支持和国际合作为入境旅游的发展提供了制度保障。我国通过签署双边和多边协议、简化签证流程、提升基础设施建设等措施，积极促进入境旅游的发展。随着"一带一路"倡议的实施推进，中国与沿线国家在旅游领域的合作不断深化，为入境旅游开辟了新的客源市场和发展空间，在旅游领域的合作取得了丰硕成果。中国与多个沿线国家签订了旅游合作协议，开展了旅游宣传推广、旅游人才交流、旅游线路开发等合作项目。例如，中国与泰国推出了"中泰一家亲"旅游文化年活动，通过举办旅游推介会、文化演出、美食节等活动，促进了两国之间的旅游交流与人员往来。据统计，活动期间，泰国来华游客数量增长了 15%，中国赴泰游客数量也大幅增加。此外，中老铁路的开通也为中国与老挝之间的旅游合作带来了新机遇，游客可以便捷地穿梭于两国之间，领略不同的自然风光和文化风情。

全域旅游理念的提出推动了中国各地创建全域旅游示范区的热潮。各地在全域旅游建设中，注重旅游资源的整合与开发，加强旅游基础设施和公共服务设施建设，提升旅游服务质量和旅游环境品质。例如，浙江省杭州市西湖区通过打造全域旅游示范区，将西湖景区与周边的乡村旅游、文化旅游、休闲度假旅游等资源有机融合，推出了"西湖＋西溪湿地""西湖＋龙井茶园"等特色旅游线路，为入境游客提供了更加丰富多样的旅游体验。旅游业与其他产业，如体育、健康、教育和农业等的融合，催生了多元化的旅游产品和服务。这种跨界融合不仅丰富了入境旅游体验，也推动了区域经济的协调发展。

技术创新也在这一阶段的入境旅游发展中扮演了关键角色。信息通信技术（ICT）、大数据、人工智能（AI）和区块链等前沿科技被广泛应用于旅游业，提升了游客的体验和行业的运营效率。智能手机应用程序和在线平台的普及，使旅游信息获取、产品预订以及个性化服务得以轻松实现。技术驱动的变革增强了目的地的吸引力和游客的满意度。旅游营销模式也不断创新，社交媒体平台、线上旅游展会等新兴渠道成为入境旅游推广的重要阵地，短视频、直播等形式全方位地展示了中国丰富的旅游资源与独特文化魅力，能精准定位国际客源市场，有效提升了旅游目的地的国际吸引力。

这一阶段，在创新与融合发展的推动下，入境旅游呈现出多元化发展趋势。虽然受到全球经济形势、国际关系变化以及突发公共事件（如新冠疫情）等因素的影响，入境旅游人数和外汇收入出现一定波动，但整体发展态势依然向好。在客源结构方面，"一带一路"沿线国家游客增长明显，新兴客源市场不断涌现。同时，入境旅游的旅游方式更加多样化，除了传统的团队游外，自助游、定制游等个性化旅游方式越来越受欢迎。

新冠疫情的暴发，对中国入境旅游造成严重影响。旅游业发展遇到了前所未有的寒冬，与2003年的"非典"疫情相比，对旅游业的影响更加严重和深远。加上近年来逆全球化趋势出现、国际经济发展不确定因素增多、突发事件频发等因素，使这一阶段的入境旅游发展产生波动。不过疫情影响趋缓后，提振入境旅游成为我国旅游政策的重要内容，在入境旅游政策上出现了许多积极的变化，入境免签等利好频出，入境旅游人数加速修复，"China Travel"热度走高。

综上所述，中国入境旅游70多年来经历了从萌芽起步到快速发展、稳定增长，再到国际化品质提升、创新融合发展的不同阶段，经受了时代背景、政策导向、国际环境等多种因素的影响，呈现出不同的发展特征，梳理中国入境旅游的发展历程，有助于更好地把握中国入境旅游的发展规律，为未来入境旅游的可持续发展提供有益的借鉴与启示。

三、我国入境旅游研究概况

（一）入境旅游时空特征研究

国内学者对我国入境旅游进行了时空特征方面的研究：一是对某一具体入境旅游目的地的时空特征研究。例如，林德荣（2007）在其研究中分析了入境福建省的我国台湾游客的时空特征[①]；陈薇薇（2011）运用统计软件和亲景度、地理集中指数、竞争态三种市场指标体系对河南入境旅游市场进行了细分研究[②]；张娟娟等（2011）运用统计软件，通过亲景度、市场机会指数和市场占有率等指标，探讨了西部旅游城市成都、西安和昆明的旅游市场动态演化规律[③]；孙晓（2014）利用SSM方法，分析了黑龙江入境客源市场结构，并提出了针对性策略[④]；林海英（2016）运用竞争态和SSM方法分析了内蒙古入境旅游市场的时空特征，强调了市场导向[⑤]；李文龙（2016）等在研究内蒙古的入境旅游客源时，构建了入境旅游目的地客流重心模型、空间集中指数模型、入境旅游目的地旅游市场竞争态模型等[⑥]；姚云霞（2016）等则探讨了江苏省入境旅游的时空分布规律[⑦]。

二是对我国宏观入境旅游市场以及某一特定入境客源国的研究。例如，

---

① 林德荣.福建入境旅游市场中台湾客源市场特征分析［J］.旅游科学，2007，21（1）：4.

② 陈薇薇.河南入境旅游市场的细分研究：基于统计软件和市场指标体系的分析［J］.旅游科学，2011，25（4）：60.

③ 张娟娟，等.西部主要旅游城市旅游市场动态演化规律研究——以成都、西安和昆明为例［J］.地理研究，2011，30（5）：85.

④ 孙晓.黑龙江入境客源市场结构分析及策略研究［J］.旅游学刊，2014，29（6）：72.

⑤ 林海英.内蒙古入境旅游市场时空特征分析：基于竞争态和SSM方法［J］.旅游科学，2016，30（2）：50.

⑥ 李文龙，等.内蒙古入境旅游客源研究：入境旅游目的地客流重心模型的构建［J］.经济地理，2016，36（4）：110.

⑦ 姚云霞，等.江苏省入境旅游时空分布规律探讨［J］.人文地理，2016，31（3）：95.

张瑞英（2014）等运用 SSM 方法分析了 1996—2013 年我国入境旅游市场的时空特征，将中国入境旅游市场分为八大区域[①]。宁志中（2014）等运用年际集中指数和 IPA 方法，对 2003—2012 年我国三大陆地片区的入境客源数据进行了分析[②]。赵多平（2012）等对我国边境地区的入境旅游客流特征进行了分析，并运用矩阵分析法，对新疆、内蒙古、云南三地进行比较，找到了影响边境入境旅游的主要因素，并提出应对策略[③]。吕本勋（2014）等则重点对泰国入境旅游市场时空结构及其拓展策略进行了深入研究[④]。

（二）入境旅游市场特征及策略研究

我国学者对入境旅游市场特征和策略的研究也可以从宏观和微观两个层面来概括。从宏观来看，张蓓（2008）运用定量和定性相结合、聚类和对比分析的方法，对我国入境旅游市场进行了分析，认为应加大旅游营销，进行市场细分，调整产品供给，加大政策引导等[⑤]。李创新（2013）分析了我国入境旅游的现状和机遇，认为除了加大营销力度和提升旅游产品质量外，还需进行政策研究，优化"入境准入政策"，增强服务意识并调动市场主体的积极性[⑥]。张国平（2017）等认为在供给环节，食品安全和空气质量是入境旅游发展迟缓的原因；在交易环节，签证政策收紧影响较大；提出在需求环节可以在汇率政策方面采取措施，供给环节优化旅游产品和改善环境，交易环节推

---

①　张瑞英，等.1996—2013 年中国入境旅游市场时空特征分析：基于 SSM 方法 [J].旅游学刊，2014，29（5）：66.

②　宁志中，等.2003—2012 年中国三大陆地片区入境客源数据分析：年际集中指数与 IPA 方法的应用 [J].旅游科学，2014，28（3）：40.

③　赵多平，等.中国边境地区入境旅游客流特征分析及影响因素比较——以新疆、内蒙古、云南为例 [J].地理学报，2012，67（8）：1050.

④　吕本勋，等.泰国入境旅游市场时空结构及拓展策略研究 [J].世界地理研究，2014，23（1）：123.

⑤　张蓓.中国入境旅游市场分析与策略：定量与定性结合的研究 [J].旅游学刊，2008，23（2）：55.

⑥　李创新.中国入境旅游现状与机遇分析 [J].旅游科学，2013，27（1）：20.

进签证便利化[①]。

从微观角度来看，黄远水（2009）认为应该调整针对台湾的旅游营销，通过开发新产品、采用新营销战略、选用新营销媒介等手段提高大陆对台湾游客的吸引力[②]。马燕（2011）运用聚类分析法，分析了新疆入境旅游客源市场，运用波士顿矩阵，建立了入境客源市场和目的地市场两个时间段的竞争态模型，明确了各市场在入境旅游中的地位，并提出了相应对策[③]。薛华菊（2014）等分析了四川入境旅游市场结构和态势，认为应开拓入境旅游市场，优化旅游消费结构和产品结构以应对国际需求趋势，加强区域合作，规划旅游线路，发挥旅游支线作用，延长游客停留时间[④]。杨静（2007）深入分析了广西入境客源结构以及广西旅游业存在的问题和机遇，提出以消费者为导向设计产品；充分利用区位优势，建立跨区域旅游经济圈；突出旅游特色，加大旅游资源开发；完善设施，培养所需人才[⑤]。侯佩旭（2011）分析了海南入境旅游的发展现状，认为其入境旅游市场波动大，入境旅游比重小，人数和收入排在全国后列，应在营销、产品、品牌、服务设施和质量、区域旅游合作等方面取得突破，并探索入境旅游新模式[⑥]。

（三）入境游客感知与行为研究

对入境游客感知与行为的研究一直都是国内学界非常关注的一个领域，目前国内比较有代表性的研究有：白凯（2005）等分别以北京和西安为例，研究了入境游客环境感知问题[⑦]。黄福才（2004）等通过对我国台湾籍游客的构成和行为变化与特征研究，在营销和产品开发上提出对策[⑧]。雷晶晶（2011）

① 张国平，等.中国入境旅游发展迟缓的原因及对策研究［J］.旅游学刊，2017，32（3）：15.
② 黄远水.提高内地对台湾游客吸引力的营销策略［J］.旅游科学，2009，23（4）：70.
③ 马燕.新疆入境旅游客源市场的聚类分析与竞争态模型研究［J］.旅游学刊，2011，26（5）：80.
④ 薛华菊，等.四川入境旅游市场结构与优化策略［J］.旅游科学，2014，28（2）：45.
⑤ 杨静.广西入境客源结构分析及旅游产业发展策略［J］.旅游学刊，2007，22（4）：60.
⑥ 侯佩旭.海南入境旅游发展现状与对策研究［J］.旅游科学，2011，25（3）：55.
⑦ 白凯，等.北京和西安入境客环境感知研究［J］.地理研究，2005，24（6）：927.
⑧ 黄福才，等.台湾入境游客构成与行为特征研究［J］.旅游学刊，2004，19（5）：50.

用 LSTR 模型对俄罗斯入境游客需求行为特征及其影响因素进行分析并提出对策①。刘昌雪（2010）等从游客动机角度对苏州入境游客感知形象和行为特征进行分析，发现不同旅游动机对苏州的形象感知也不同，旅游动机使得出游方式、消费、停留时间、旅游信息获取渠道也不同②。张宏梅（2010）等以桂林阳朔入境游客为例，对游客旅游动机进行因子分析，找出了游客的出游行为特征③。姚媛（2010）以西安入境的西欧游客为例，对其旅游决策行为及其影响因素进行研究④。张颖、马耀峰（2010）等对游客人口学特征与旅游动机的差异关系进行了定量分析⑤。梁雪松（2006）对我国六大热点旅游城市上海、西安、北京、桂林、广州、昆明的游客特征和游客对不同旅游目的地服务质量的感知和评价进行了定量分析⑥。林玉虾（2016）等分析了世界遗产对外国和我国港澳台地区等客源市场赴中国（内地或大陆）旅游需求的影响⑦。

① 雷晶晶.俄罗斯入境游客需求行为特征及影响因素分析：基于LSTR模型［J］.旅游科学，2011，25（4）：67.

② 刘昌雪，王金莲，汪德根.基于旅游动机的入境旅游者感知形象和行为特征差异——以苏州市为例［J］.资源开发与市场，2010，26（1）：84.

③ 张宏梅，陆林，朱道才.基于旅游动机的入境旅游者市场细分策略——以桂林阳朔入境旅游者为例［J］.人文地理，2010（4）：126.

④ 姚媛.旅华欧洲游客旅游决策行为模式研究——以西安入境欧洲游客为例［J］.安徽农业科学，2010（23）：3.

⑤ 张颖，马耀峰，李创新.人口学特征和动机偏好双重视角的入境游客市场细分研究——西安市的实证研究［J］.资源开发与市场，2010（2）：4.

⑥ 梁雪松，马耀峰，李天顺."文化边际域"中东西方旅游者行为比较研究［J］.旅游学刊，2006（1）：36.

⑦ 林玉虾，林璧属，孙小龙.世界遗产对入境旅游的影响差异——基于中国境外游客的群组分析［J］.经济管理，2016（12）：17.

第二章

我国入境旅游的重要价值

从新中国成立至改革开放前，入境旅游主要作为外事接待的补充而存在，改革开放后，国家逐步形成了"以入境旅游为先导，以赚取外汇为目的"的旅游发展方针，充分发挥了为国家创汇的功能。如今，随着经济社会的发展和国家开放程度的增加，在新的国际发展环境下，入境旅游的价值和意义早已超越经济层面，其核心功能已不再是创造外汇，而是需要从提高文化软实力、塑造大国形象、提升国家吸引力和竞争力、展示中国新成就等角度重新定位。入境旅游表面看是人的空间流动，实际上还涉及知识、信息和技术等创新要素的空间流动，从而产生创新溢出效应，不仅能推动旅游业的发展和提升，还能带动相关产业的进步和国际合作的深化[①]。入境旅游不仅为国家创造大量外汇收入，促进经济发展，还增进了中国与世界各国之间的合作与交流，加强了地区间的友好往来，推动了科技进步和环境保护等。入境旅游的经济价值、文化价值、社会价值、外交价值、科技价值日益凸显。

一、经济价值

关于旅游发展与经济增长之间的联系，旅游经济学领域确立了三种主要观点：一是"旅游引领经济增长（Tourism–Led Economic Growth，TLEG）"；二是"经济推动旅游发展（Economic–Driven Tourism Growth，EDTG）"；三是"旅游与经济双向互惠增长假说（Reciprocal Causal Growth Hypothesis，ECGH）"。在入境旅游的具体范畴内，Balaguer 等（2002）提出的"入境旅游促进经济增长"的观点已经成为共识[②]。该假说建立在旅游经济学和发展经济学的理论基础上，认为入境旅游业既创造直接收益（如外汇收入、消费支出等），也作为非标准出口带动经济增长，包括赚取外汇促进产业扩大再生产、助力企业实现规模经济与范围经济、增加投资提高生产效率以及创造就

---

① 夏杰长，徐紫嫣，徐金海.全球旅游业创新发展的现实基础和主要趋势［J］.城市学刊，2020，41（6）：14.

② Balaguer J, Cantavella–Jorda M. Tourism as a long–run economic growth factor: The Spanish case［J］. Applied Economics，2002，34（7）：877.

业、增加居民收入、活跃消费等。总而言之，入境旅游对中国的经济贡献不仅体现在直接的外汇收入上，还体现在促进相关产业发展，提高国际影响力，推动区域经济平衡发展等方面。

（一）创造外汇收入，平衡国际收支

在全球经济交流日益频繁的背景下，中国入境旅游在外汇收入领域扮演着举足轻重的角色，构成了非贸易外汇收入的核心组成部分。入境旅游带来的大量外汇收入，增加了外汇市场上的外汇供给。当外汇供给相对充裕时，有助于稳定我国货币的汇率，避免因外汇短缺导致的本币大幅贬值。稳定的汇率对于一个国家的国际贸易和经济发展至关重要，有利于保持国际收支的平衡。同时，旅游外汇收入作为经常账户中的重要组成部分，可提高国际支付能力，增强货币稳定性。自1978年改革开放以来，中国入境旅游在创造外汇、促进经济发展等方面取得了巨大成果[①]。中国入境旅游外汇收入呈现出令人瞩目的增长轨迹。1978年，中国旅游外汇收入仅为2.63亿美元，彼时入境旅游尚处于起步萌芽阶段，国际影响力有限。然而，随着中国经济的逐步崛起、对外开放政策的持续深化以及旅游基础设施的不断完善，2019年，我国接待入境游客约1.45亿人次，同比增长2.9%，创造了约1313亿美元的外汇收入，增幅约500倍，实现了跨越式的增长。我国入境旅游收入占全球国际旅游收入的10%以上，年均复合增长率在全球旅游市场中名列前茅。

入境游客在旅游过程中，需要支付交通、住宿、餐饮、购物、娱乐等各项费用，为旅游接待国带来显著的外汇收入。2008年北京奥运会期间，中国入境旅游迎来了一次显著的高峰，入境游客数量大幅攀升，当年共计接待入境游客约13003万人次，旅游外汇收入高达408.4亿美元。北京作为奥运会的主办城市，吸引了世界各地的体育爱好者、游客以及媒体人员等。入境人员在感受奥运盛事激情的同时，深入体验了中国独特的文化魅力与丰富的旅游

① 张城铭，翁时秀，保继刚.1978年改革开放以来中国旅游业发展的地理格局[J].地理学报，2019，74（10）：1980.

资源，在住宿、餐饮、购物、交通以及旅游景点游览等各个环节均产生了大量的外汇消费。这不仅直接推动了旅游相关行业的繁荣发展，更为国家外汇储备增长注入强劲动力，增强了中国在国际经济格局中的金融稳定性与抗风险能力。

尽管受到新冠疫情影响，入境旅游收入锐减，但是中国入境旅游市场展现出较强的韧性，2023 年开始外汇收入回暖势头明显，预计未来几年内将迎来新一轮的增长期。根据官方统计数据，2023 年，我国全年入境旅游外汇收入达到 500 亿美元。随着疫情后全球旅游市场的不断恢复和我国入境旅游事业的迅速回暖，预计每年可为中国带来 1500 亿美元的外汇收入。

从国际比较的视角审视，中国旅游外汇收入在全球旅游市场中的地位也在不断攀升。依据原世界旅游组织（UNWTO）的统计数据，在 20 世纪 80 年代初期，中国旅游外汇收入在全球的排名相对靠后，仅处于中游水平。但随着中国旅游业的持续发展与国际知名度的稳步提升，到 2019 年，中国旅游外汇收入在全球排名中位居第七，紧追美国、西班牙和法国等传统旅游强国。这一显著成就表明，中国作为国际旅游目的地的吸引力日益提升，在全球旅游经济格局中的影响力正逐步扩大，已成为国际旅游市场中不可忽视的重要力量。

（二）激发产业联动效应

入境旅游既彰显着一个国家或地区旅游业的发展状况，也直观反映该国或地区旅游业的产业化水平及国际化程度。入境旅游的产业联动效应指的是入境旅游消费行为对相关产业（如交通、住宿、餐饮、零售、文化娱乐等）所产生的拉动作用。这种效应通过直接消费、间接需求和诱导消费扩散到旅游上下游产业链，从而对整体经济形成显著的带动。国际游客在酒店住宿、餐饮消费、交通出行和购物中，每一美元消费都会产生乘数效应，能进一步促进上下游供应链的发展，带动相关行业的收入增长。原世界旅游组织曾测算，旅游消费的经济乘数效应通常在 2~3 倍，即入境旅游每花费 1 美元，能够为目的地经济贡献 2~3 美元的总收入。

入境旅游的蓬勃发展犹如催化剂，深刻激发了旅游核心产业内部各要素之间的协同效应，推动了住宿业、餐饮业、旅游景区等多产业的共同繁荣与发展。世界旅游业理事会数据显示，2019 年国际旅行平均时长为 9.22 天，2021 年超过 52% 的全球旅行者表示喜欢在目的地停留更长时间。入境旅游期间，住宿、餐饮、交通、零售、文化娱乐等多领域会受到产业联动效应的影响。2019 年，我国入境旅游收入为 1313 亿美元，其中住宿消费占比达 30% 以上。北京、上海、广州等国际枢纽城市的五星级酒店入住率中，入境游客占比超过 60%。2019 年中国入境游客人均日消费中，餐饮支出占比约 20%。游客在购物中的支出（如手工艺品、纪念品等）直接推动零售业发展，并通过供应链间接带动制造业和物流行业。上海迪士尼度假区数据显示，外国游客的零售消费占游客总购物收入的 50% 以上。2019 年中国机场旅客吞吐量中，入境旅客占国际航班总量的 35%，其中北京、上海、广州机场占比较高。外国游客对景区门票、文化演出、主题乐园等的消费，直接拉动文化创意产业和旅游设施的开发。长城、故宫等景区的入境游客占总游客量的 20% 左右，但贡献的门票收入达 35% 以上。通过全面的产业链拉动，入境旅游显著推动了区域经济和国民经济增长。

入境旅游不仅带动了旅游业本身的发展，还促进了相关产业链条的延伸。例如，游客的购物需求带动了中国制造商品（如智能手机、家用电器和服装）的销售，餐饮需求推动了农产品加工业的发展，文化需求则刺激了文创产业的成长。以上海迪士尼乐园为例，其运营带动了周边区域的全面发展。游客的住宿需求直接拉动了酒店业收入的增长，园区周边还吸引了大量主题餐饮和零售品牌入驻，形成了"乐园经济圈"。随着国际游客对高品质旅游体验需求的增加，我国旅游企业逐渐从低端服务向高端市场转型。例如，高端定制游、高尔夫体验、豪华邮轮游等项目日益受到国际游客的欢迎。这些高附加值产品的开发不仅提升了企业利润率，也为中国旅游业向全球价值链高端跃升提供了动力。

（三）均衡带动区域经济发展，缩小城乡差距

中国地域辽阔，区域经济发展水平存在一定的差异。国际入境旅游在促进区域经济平衡发展方面具有独特的优势和重要的作用，成为协调区域发展、缩小地区差距的有效途径之一。在一些经济相对发达的东部沿海地区，如上海、广州、深圳等地，凭借其优越的地理位置、完善的基础设施和国际化的商业环境，早已成为国际入境旅游的热门目的地。这些地区通过发展入境旅游，进一步巩固了其在全国经济格局中的领先地位，同时带动周边地区的协同发展。如长三角地区，上海作为国际化大都市吸引了大量入境游客，周边的苏州、杭州、无锡等城市则凭借其独特的江南水乡风情和历史文化遗产，与上海形成了优势互补的旅游发展格局。据统计，每年在上海入境后前往长三角其他城市旅游的游客数量占入境游客总量的近30%。这些游客在长三角地区的旅游消费，促进了区域内旅游资源的整合与优化配置，推动了区域旅游产业一体化发展，提升了整个长三角地区的经济竞争力。

在中西部地区，国际入境旅游也逐渐成为区域经济发展的新引擎。以四川为例，四川拥有丰富的自然景观和独特的巴蜀文化，如九寨沟、峨眉山、都江堰等世界知名的旅游资源。近年来，随着四川旅游基础设施的不断完善和旅游宣传推广力度的加大，入境游客数量逐年攀升。据四川省文旅厅统计，2019年四川接待入境游客数量达414.78万人次，旅游外汇收入19.4亿美元。这些旅游收入为四川的基础设施建设、教育、医疗等公共事业发展提供了重要的资金支持，促进了区域经济的全面发展，缩小了与东部地区的经济差距。为了吸引更多国际游客，各地大力投资建设机场、高速铁路和旅游集散中心。这些设施的完善既缩短了城市之间的时空距离，又提高了地方经济的连通性，为后续的产业投资创造了条件。四川利用旅游外汇收入改善了九寨沟景区周边的交通、通信等基础设施，同时也加大了对当地教育和医疗事业的投入，提高了当地居民的生活质量。张家界为迎接国际游客，近年来新增了多条国际航线。仅2019年，张家界荷花机场就接待了超过30万名国际旅客。这些

游客带动了当地酒店、餐饮和交通服务业的收入增长，同时也推动了湖南其他地区的经济发展。

在边疆地区，国际入境旅游更是发挥着特殊的作用。云南、广西、新疆、内蒙古等边疆省（自治区）与多个国家接壤，具有独特的地缘文化优势。例如，云南与缅甸、老挝、越南等国家接壤，其边境旅游资源丰富多样，如西双版纳的热带雨林风光、瑞丽的跨境民族风情等。通过发展边境旅游和入境旅游，云南不仅加强了与周边国家的文化交流与经济合作，还带动了边境地区的经济繁荣。据统计，云南边境地区每年接待的入境游客数量占全省入境游客总数的近50%，接待的入境游客中有超过40%来自欧洲和东南亚，这些游客每年带来的旅游收入占当地GDP的近20%。2019年，西藏接待入境游客54.19万人次，同比增长13.8%，旅游总收入达到559.28亿元，同比增长14.1%。旅游收入的增长不仅改善了当地居民的生活，还促进了基础设施建设、生态环境保护等工作，形成了良性循环。同样，新疆凭借丝绸之路文化和独特的自然景观，吸引了大量中亚和欧洲游客，为当地提供了可观的经济增长点。

入境旅游经济发展显著缩小了城乡收入差距，具有空间溢出效应。入境旅游经济增长1%，城乡收入差距将降低4.46%[1]。入境旅游发展可以提升城市整体产业的就业容纳率，提高农村居民的收入水平，有利于实现土地规模化与产业化经营，从而提升农民收入，并由此缩小城乡居民的收入差距[2][3]。比如，丽江古城2023年入境游客占游客总量的15%，但为周边农村居民提供了超过2万个与旅游相关的直接或间接工作岗位，其中包括民宿运营、手工艺品销售、餐饮服务等，使当地农民年均收入增长约30%。这一过程中，农民通过参与

① 董亚娟，韩小萌，王雨薇.入境旅游经济增长与城乡收入差距关系研究——基于中国31个省区市的面板数据分析［J］.河南科学，2020，38（12）：2028.

② 王明康，刘彦平.旅游产业集聚、城镇化与城乡收入差距——基于省级面板数据的实证研究［J］.华中农业大学学报（社会科学版），2019，6：78.

③ Todaro M P. A model of labor migration and urban unemployment in less developed countries［J］.The American Economic Review，1969，59（1）：138.

旅游业获得高于农业劳动的收入，从而有效提升农村经济水平，缩小与城市之间的收入差距。入境游客偏好更高品质的体验型消费（如生态民宿、民族文化表演、特色餐饮），也刺激了乡村服务业和文化创意产业的发展。入境游客对于原生态、文化特色鲜明的乡村旅游资源具有浓厚兴趣，这种需求进一步促进了乡村地区的经济发展和产业升级。江西婺源以"油菜花田＋传统村落"为主题吸引了大量入境旅游者，推动了景区周边农业与旅游融合发展。2023 年数据显示，入境旅游消费为当地带来了超过 1.2 亿元的经济收入，其中超过 80% 流向乡村居民。入境旅游通过基础设施改善和服务标准提升，间接促进了城乡联动发展。同时入境旅游的需求倒逼乡村地区改进交通设施、卫生条件和数字化服务，使乡村更好地融入国家经济体系。入境旅游促进了城市与乡村之间资源、市场的分工合作。例如，北京的国际旅游市场带动了京郊地区（如延庆）乡村旅游产品的开发，使城乡之间形成良性的经济循环。

（四）入境旅游创造了大量就业岗位

旅游业是典型的劳动密集型产业，其就业吸纳能力在众多行业中名列前茅。入境旅游的兴起带动了大量就业机会的产生，从导游、翻译、酒店服务员到餐厅员工、文化表演者，直接和间接就业人数庞大。数据显示，2019 年，我国旅游业直接吸纳就业人数超过 2800 万人，占全国就业总人数的 3.65%。其中，入境旅游贡献了 20% 以上的岗位。此外，与旅游相关的交通运输、手工艺品制造、文化创意产业也间接创造了大量就业岗位。

入境旅游的发展也为各地的小型企业和创业者提供了更多机会。一些地区依托入境旅游开发了特色民宿、文化演出、定制旅游服务等新型旅游产品，为当地居民提供了创收的渠道。在贵州黔东南地区，国际游客对少数民族文化表现出浓厚兴趣，当地居民开设的民族服饰租赁店、手工艺品作坊和民族艺术表演团队深受国际游客喜爱，为家庭带来了稳定的收入来源。这种模式逐渐形成区域品牌效应，进一步吸引了更多游客。云南大理凭借独特的自然风光和民族风情吸引了大量入境游客，当地居民抓住机遇，创办了众多特色民宿，据统计，大理古城内约2500家民宿中，有近40%是由当地居民创业开设的，这些民宿主打国际市场，提供各种特色服务，平均每家民宿雇用员工3~5人，总计创造就业岗位约4000人，年接待入境游客约15万人次，平均每家民宿年收入约30万元，为当地居民创业致富开辟了新途径。在杭州，以西湖文化为依托的旅游文创产业蓬勃发展。有创业团队以西湖的断桥、雷峰塔等标志性景观为元素，设计制作了一系列精美手工艺品、文具及服饰等文创产品。通过与国际旅游电商平台合作，将产品销售到全球多个国家和地区，年销售额达500万元，带动就业人数约80人。随着入境游客对西湖文创产品的喜爱与传播，越来越多的创业者开始涉足这一领域，形成了一个充满活力的旅游文创产业集群，进一步推动了当地文化与经济的融合发展。

个性化、定制化旅游服务需求的日益旺盛，促使旅游从业者不断提升专业技能和服务水平，从而推动整个行业向高质量方向迈进。为满足入境旅游需求，广州旅游商务职业学校开设了国际酒店管理、涉外旅游英语等专业课程。近年来，这些专业的招生人数逐年递增，平均每年为旅游业输送约600名专业人才，其中约75%的毕业生进入入境旅游相关企业工作。企业内部培训也在不断加强，南京金陵饭店每年投入约80万元用于员工的国际礼仪、跨文化交流、多语言服务等方面的培训。经过培训，员工在接待入境游客时的服务质量大幅提升，顾客满意度从培训前的85%提高到92%，同时也为员工个人职业发展提供了更广阔的空间，部分优秀员工晋升到国际旅游业务管理岗位，带动了整个企业人才结构的优化与提升。

入境旅游凭借其独特的国际客源市场和消费需求，在就业创业领域发挥着强大的带动效应，无论是在直接就业、间接就业的岗位创造，还是在就业技能提升、人才培养以及创业活力激发等方面，都展现出不可替代的重要作用，为经济发展和文化交流注入了源源不断的动力。

（五）入境旅游推动经济结构优化与现代化转型

入境旅游对经济结构优化的作用是多方面的、深层次的。入境旅游带来的消费主要集中在第三产业，包括住宿、交通、餐饮、文化娱乐等领域。研究表明入境旅游外汇收入和第三产业增加值之间具有相互促进的长期均衡关系，并且入境旅游外汇收入对于第三产业增加值的促进作用更大①。2019年，我国服务业增加值占GDP的比重达到53.9%，较十年前增长了10个百分点。第三产业的服务性消费提高了我国服务业在GDP中的比重，推动经济结构的优化，入境旅游无疑是这一变化的关键助推力之一，可以有效带动住宿、餐饮、文娱等各类服务业的发展，进而推动产业结构变化，从而改变国内劳动力和资本在产业间的布局，最终影响经济的增长②。

发展入境旅游市场有利于吸引外资，带来经济结构优化的外部推力。发展入境旅游可以加大旅游服务贸易的开放程度，提高旅游服务贸易竞争优势，逐步消除内部贸易壁垒，创造自由、便利、具有竞争力的投资环境，吸引外资进入旅游市场。入境旅客进入中国之后，通过对风土人情的切身体验，对当地招商引资政策、经济发展潜力等方面的实地考察，对中国有了深入的认识。旅行结束返回自己国家后，外国游客将从中国带回的信息传播给家人、朋友、同事，形成"广告效应"，让更多的外国人产生兴趣，由此带来另一轮的入境旅游与境外投资，完成正向循环。入境旅游为这些投资者提供了获取潜在信息的可能性，减少了企业投资的不确定性。《2024年外商直接投资信心指数（FDICI）报告》显示中国未来三年作为投资地的吸引力排名有所提高，从2023年的第7位跃升为第3位，继续领跑新兴市场。

同时，入境旅游还带动数字经济与智慧旅游发展。国际游客的智慧化需求刺激了旅游行业的数字化转型。例如，为方便外国游客，中国许多旅游景区引入了多语言导览、在线购票系统和移动支付服务。这些数字化服务不仅提升了游客体验，也推动了中国在智慧旅游领域的创新发展。支付宝数据显示，2019年超过60%的入境游客在华消费时选择使用移动支付，涵盖餐饮、

---

① 李红.我国入境旅游发展与经济增长的关系研究［J］.经营与管理，2021，28（2）：156.
② 高雪，任一鑫，李欣.2004—2018年中国入境旅游带动经济增长转型升级效应研究［J］.旅游论坛，2023，16（2）：66.

交通和购物等领域。这种消费习惯反过来推动了国际市场对中国移动支付技术的需求，进一步强化了我国数字经济的全球影响力。

入境旅游对我国经济的多方面价值显而易见。其不仅能带来可观的外汇收入，还通过带动区域经济、促进就业、延长产业链和优化经济结构，为经济发展注入持久动力。在后疫情时代，通过政策支持和市场创新，我国完全可以依托自身的旅游资源和文化优势，在全球入境旅游市场中占据更大的份额，为实现经济高质量发展贡献更多力量。面对新的发展机遇与挑战，中国应继续深化旅游业供给侧结构性改革，加强国际合作，提高旅游服务质量，努力将入境旅游培育成推动旅游业高质量发展的新引擎。

二、文化价值

入境旅游不仅仅是一种经济活动，更是促进不同文化交流的重要桥梁。习近平主席 2013 年 3 月在俄罗斯中国旅游年开幕式上指出：旅游是传播文明、交流文化、增进友谊的桥梁，是人民生活水平提高的一个重要指标。2023 年，文化和旅游部印发的《关于推动非物质文化遗产与旅游深度融合发展的通知》强调，要利用入境旅游作为中外文化交流的重要渠道，推动中华文化走向世界，提升中国在国际上的文化影响力和话语权。入境旅游在全球化背景下可提供跨文化交流契机，通过接待来自全球的游客，中国可以展示丰富的自然历史文化遗产和现代化成就，使外国游客更好地了解真实的中国，增强国际社会对中华文明的认同感。这种文化交往超越了单向的传播，更形成了跨文化对话的空间，可增进不同人群对多元文化的尊重与包容，助力构建和谐共融的全球文化交流格局，从深层次上提升中外文化互信与友好关系。

（一）文化传播：向世界展示中国文化的多元魅力

入境旅游为中国文化提供了面向全球的传播平台，国际游客的到访不仅提高了文化资源的国际认知度，还通过口碑传播和数字媒介分享等多渠道提升了文化影响力。每年大量的国际游客来到中国，亲身感受中国丰富多彩的文化景观、民俗风情和社会风貌，成为中国文化的传播者。据统计，近年来我国接待入境游客数量持续增长，仅 2019 年就达到了 1.45 亿人次。这些游客在游览过程中，深入体验中国的传统文化元素，如故宫、长城、兵马俑等世界闻名的历史遗迹所承载的古代文明，以及京剧、武术、书法、绘画、剪纸等非物质文化遗产所蕴含的艺术精髓，这些世界闻名的历史遗迹遗产承载着中华文明的多元价值，为跨文化交流提供了独特载体，也是吸引入境游客的重要资产。

以故宫为例，作为现存规模最大、保存最为完整的木质结构古建筑群，每年吸引数百万国际游客参观。通过精心策划的展览、专业的导游讲解和现代化的数字展示，故宫全方位呈现了中国古代皇家文化、建筑艺术和历史变迁，使国际游客能够深入了解中国的政治制度、哲学思想和审美观念。游客将这些体验带回本国，通过口碑传播、社交媒体分享和文化交流活动等方式，使更多人了解中国文化的深厚内涵。在国际社交媒体上，与故宫相关的照片、视频和文章常引发热议，获得数以亿计的浏览量和点赞量，极大提升了中国文化的全球知名度。有研究表明，从全球旅游业发展历程看，遗产旅游已从简单观光转变为具有政治文化功能、促进文化交流的交往方式[①]。

中国传统节日也是文化传播的重要载体。以春节为例，北京地坛庙会等节庆活动通过手工艺品展示、民间戏曲表演和特色美食展销，让国际游客切身感受中国春节的节日氛围和文化魅力。调查显示，参与中国春节庙会活动的国际游客中，超过 80% 对中国传统文化产生了浓厚兴趣，并愿意将其文化体验分享给亲友。这些节庆活动不仅丰富了国际游客的旅游经历，还通过节日场景传递了中国人的价值观、家庭观念和团圆意识，从而增进国际社会对中国文化的理解与认同，消除文化隔阂。中国的历史文化资源成为传递中国声音、促进文化认同的重要载体，入境旅游成为文化传播的重要渠道，在文化展示、交流与认同等多方面都有着不可替代的价值与作用。

---

① 岳晓燕，孙业红. 遗产旅游：构建入境旅游跨文化交流的重要桥梁 [J]. 旅游学刊，2024，39（4）：12.

入境旅游作为文化传播的重要渠道，其价值体现在多层次、多路径的传播效应上，包括国际游客的直接传播和媒介技术的间接传播。直接传播是指国际游客通过自身的旅游体验，将目的地国家的形象和文化传播至其所在的社会和文化圈层。这种传播形式以口碑传播为主，其可信度和影响力较高。游客对目的地的评价与分享，包括社交媒体内容、家庭朋友间的交流等，能够有效扩大国家形象传播的覆盖范围。例如，国际游客在中国体验到高铁系统的便利、智慧城市的先进性及高效的公共服务后，往往通过自身网络将这些正面感知传递出去，从而影响外界对中国的认知。间接传播则依托媒介和技术手段进一步放大传播效应。游客拍摄的照片、视频以及撰写的游记，通过互联网和社交媒体迅速传播，形成二次甚至多次传播效应。在数字化时代，短视频、直播及虚拟现实技术的广泛应用，使入境旅游的文化传播呈现指数级增长。这种由游客自发形成的传播网络，凭借其真实性和亲和力，更易于被受众接受。

此外，政府和企业通过策划国际旅游节庆活动、制作宣传片等方式，借助入境旅游的契机强化国家文化品牌建设。例如，"美丽中国"全球旅游品牌的推广，通过展示自然景观与文化魅力，极大提升了中国在国际市场上的知名度和美誉度。入境旅游推广活动通过构建文化品牌形象，推动地方文化融入全球文化体系，深化了国际社会对中国文化的认同。国际入境旅游为我国文化的对外传播开辟了广阔的渠道，不仅为中华文化的全球化传播提供了重要平台，还在国际社会中塑造了积极的中国形象，助力全球范围内的文化交流与认同。

（二）文化交流：促进中外文化的相互借鉴与融合

入境旅游本质上是一种文化交融活动，入境旅游是中外文化双向交流互动的平台。一方面，中国文化通过游客的传播走向世界，入境旅游者亲身体验的中国社会的实际情况会让世界加深对中国的客观认识；另一方面，国际游客也带来了不同国家和地区的文化元素，促进了中外文化在我国境内的交流与融合。外国的经营理念、科学技术、生活方式等都会通过旅游活动影响中国社会，中国人对世界其他国家和民族的认识，对西方社会生活习惯、道德观念、思维方式的了解很多都得益于旅游者带来的信息。在接触外国人比较多的地方，人们的审美观念及生活方式会潜移默化地发生一些变化。

在我国的旅游城市和景区，经常可以看到国际游客与当地居民、旅游从业者之间的文化互动场景。例如，在云南丽江古城，外国游客在欣赏古老的纳西族建筑、聆听纳西古乐的同时，也会与当地居民分享自己国家的音乐、舞蹈、艺术作品等。一些外国游客还会参与到当地的文化活动中，如学习纳西族的手工编织技艺、传统绘画方法等，将国外的创意和理念融入其中，为当地文化的创新发展注入新的活力。同时，当地居民也通过与国际游客的交流，了解到国外的文化习俗、生活方式和社会发展现状，拓宽视野，丰富自身的文化内涵。

上海作为国际化大都市，更是中外文化交流的前沿阵地。每年举办的各类国际文化艺术展览、音乐节、电影节等活动吸引了大量国际游客和文化艺术界人士。例如，上海国际电影节期间，来自全球不同国家和地区的电影作品汇聚一堂，展映、交流与评选活动不仅促进了电影艺术的国际传播与合作，也为中外电影人、影迷之间搭建了深入交流的平台。国际游客在参与这些活动的过程中，与中国的电影从业者、观众进行互动，分享各自国家的电影文化、创作理念和产业发展经验，推动了中外电影文化的相互学习与借鉴。据统计，平均每年有超过 10 万人次的国际游客参与这一盛会，他们在上海的文化消费支出超过 5 亿元人民币，不仅带动了当地文化产业的发展，也促进了中外文化在电影领域的深度交流与融合。

这种文化交流与融合还体现在旅游产品的创新开发上。许多旅游企业根据国际游客的需求和文化背景，将中国传统文化与国外现代旅游理念相结合，开发出具有国际竞争力的特色旅游产品。例如，一些旅游公司推出了"中国传统文化体验之旅"与"国际时尚都市游"相结合的线路产品，让国际游客在感受中国古老文化魅力的同时，也能领略中国现代都市的时尚与活力。这种跨文化的旅游产品创新，不仅满足了国际游客多样化的旅游需求，也促进了中外文化在旅游消费领域的融合与创新发展。

入境旅游不仅是外来文化走进来的过程，也是我国文化走出去的过程。2024 年，144 小时过境免签政策不仅带火了"China Travel"潮，还造就了"City 不 City"这一网络热梗，吸引外国人扎堆"特种兵式"游中国。全国各地的美食美景、历史人文、24 小时随叫随到的外卖和高铁速度让不少海外博主感到惊讶，部分境外游客还"入乡随俗"，跟随文旅热点，体验更多元的中国，例如体验中医推拿、足疗；身穿民族服饰，感受少数民俗风情；甚至品尝天水麻辣烫，感受"村 BA"现场氛围等。

入境旅游使得各国民众在不同文化的碰撞和交流中，互相了解彼此的生活、习俗、价值观、行为方式等，可减少误解和隔阂，增进理解，建立友谊，为国家合作奠定基础。

（三）文化保护与传承：唤起文化保护意识与提供资金支持

入境旅游的发展对我国文化遗产的保护与传承起到了积极的推动作用。随着国际游客对中国文化遗产关注度的不断提高，社会各界对文化遗产保护的意识也逐渐增强。以敦煌莫高窟为例，这座被联合国教科文组织列为世界文化遗产的艺术宝库，由于年代久远、自然侵蚀和人为因素等原因，面临着诸多保护难题。然而，国际入境旅游的兴起使得莫高窟的文化价值得到了更广泛的认可和重视。大量国际游客前来参观，为莫高窟带来了可观的旅游收入。这些收入部分被用于文化遗产的保护和修复工作，如采用先进的数字化技术对壁画进行保护、修复和展示，建设游客服务中心以控制游客流量、减少对洞窟的破坏等。据了解，近年来敦煌莫高窟每年用于文化遗产保护的资金投入中，有超过 30% 来源于旅游收入。通过国际入境旅游的带动，莫高窟的保护工作取得了显著成效，不仅延长了文化遗产的寿命，也为后代子孙留下了珍贵的文化财富。

除了物质文化遗产，非物质文化遗产的保护与传承也受益于国际入境旅游。例如，四川的川剧作为中国传统戏曲艺术的瑰宝，面临着观众老龄化、传承人才匮乏等问题。随着国际入境旅游的发展，越来越多的国际游客对川剧表演产生了浓厚的兴趣。一些旅游景区和文化机构专门为国际游客打造了川剧表演专场，并结合现代舞台技术和创意营销手段，吸引了更多年轻观众的关注。同时，通过与国际文化交流机构的合作，川剧表演团队有机会走出国门，在国际舞台上展示中国戏曲文化的魅力，这不仅提高了川剧的国际知名度，也激发了国内年青一代对川剧传承的热情。据统计，在成都的一些旅游景区，观看川剧表演的观众中，国际游客的比例从过去的不足 10% 上升到现在的 30% 左右，为川剧的传承与发展注入了新的活力。

此外，国际入境旅游还促进了文化传承人才的培养。为满足国际游客对文化体验的需求，各地纷纷开展非物质文化遗产传承人的培训和传承基地的建设工作。例如，在江苏苏州，为传承刺绣技艺，建立了刺绣传承工作室，邀请国家级刺绣大师收徒传艺，培养了一批年轻的刺绣传承人。这些传承人不仅在国内为游客展示刺绣技艺，还参加国际文化交流活动，将苏州刺绣推广到世界各国。在这个过程中，他们不仅传承了中国的传统手工艺文化，也获得了相应的经济收入和社会认可，为文化传承事业的可持续发展奠定了坚实的基础。

入境旅游通过促进跨文化交流，为文化保护与传承提供了重要契机。一方面，它激发了地方社区对自身文化的认同与自豪感，使传统文化在现代化进程中得以复兴；另一方面，游客的经济贡献为文化遗产保护、修缮与传承提供了持续的资金支持。同时，入境旅游还提升了文化的国际影响力，为地方文化在全球范围内的传播与推广奠定了基础。

（四）文化创新：激发文化创意产业的活力与发展潜力

在全球化语境下，入境旅游凭借其跨文化交流与互动的特质，为传统文化的现代化转化注入了丰沛的灵感源泉与物质资源，有力地驱动了文化在内容呈现、表现形式以及传播路径等维度的创新进程。国际游客所携带的多元文化诉求及其反馈信息，能够对目的地文化产品的迭代更新与优化改良产生积极效应，推动传统文化与当代文化元素的有机交融，进而有效提升文化的整体吸引力与竞争力，为文化的可持续发展构筑坚实的根基。

以北京的南锣鼓巷为例，这条充满老北京风情的胡同街区汇聚了众多文化创意小店。这些小店以中国传统文化元素为灵感，开发出了一系列独具特色的旅游纪念品和文化创意产品，如以故宫建筑造型为设计元素的手机壳、以京剧脸谱为图案的 T 恤衫、以中国传统诗词为内容的创意笔记本等。这些产品既具有中国文化特色，又符合现代时尚审美和国际游客的消费需求，深受国际游客的喜爱。据调查，南锣鼓巷内文化创意产品的销售额中，国际游客的消费占比达 40% 左右。在入境旅游市场的推动下，南锣鼓巷的文化创意产业不断发展壮大，形成了集创意设计、生产制作、销售推广为一体的产业链条，不仅带动了当地就业和经济发展，也为中国文化创意产业的创新发展提供了有益的借鉴。

此外，国际入境旅游还促进了文化创意产业与其他产业的融合发展。例如，旅游演艺产业作为文化创意产业与旅游业融合的典型代表，在我国得到了快速发展。以桂林的《印象·刘三姐》为例，这部大型山水实景演出以桂林山水为舞台背景，以壮族民间传说为故事蓝本，通过现代灯光、音响、舞蹈等艺术手段，将自然景观与人文艺术完美融合，为观众呈现了一场震撼人心的视觉盛宴。该演出自推出以来，吸引了大量国际游客前来观看，成为桂林旅游的标志性文化品牌。据统计，《印象·刘三姐》每年接待国际游客超过 50 万人次，演出收入超过 2 亿元人民币。通过与旅游业的深度融合，文化创意产业不仅拓展了自身的发展空间，也为旅游业的升级迭代提供了新的动力，促进了文化与旅游的协同创新发展。

在数字文化创意领域，国际入境旅游也发挥着重要的推动作用。随着互联网和数字媒体技术的发展，许多旅游企业和文化机构利用虚拟现实（VR）、增强现实（AR）等技术开发数字文化旅游产品，为国际游客提供更加丰富、便捷的文化体验。例如，一些博物馆推出了线上 VR 展览，让国际游客可以足不出户欣赏中国的文物珍品；一些旅游景区开发了基于 AR 技术的导览应用，通过手机屏幕为游客呈现历史文化场景的虚拟重建和互动体验。这些数字文化创意产品的开发，不仅满足了国际游客的旅游需求，也为我国文化创意产业的数字化转型和创新性发展提供了新的机遇。

三、社会价值

（一）增强社会凝聚力与塑造社会共同价值观

入境旅游促使国内民众更加深入地认识本土文化与特色，在向世界展示本国魅力的过程中，激发民众对国家的认同感与自豪感，进而增强社会凝聚力。这一过程不仅丰富了本土文化的内涵，也提升了民众的文化自觉与自信，促进了社会内部的整合与和谐。

入境旅游作为文化交流的平台，通过国际游客与东道国居民的互动，不同国家游客带来的多元文化与价值观的交流碰撞，使本土社会能以更包容开放的心态去理解、甄别并吸纳有益元素，有助于塑造积极健康、尊重多元的社会共同价值观。在接待国际游客的过程中，我国社会各界需要秉持一些共同的价值观，如热情好客、诚信友善、尊重多元文化等。这些价值观在旅游服务、社会交往以及文化交流等各个环节中得到体现和传播，逐渐成为整个社会共同遵循的价值准则。例如，我国的志愿者服务在国际入境旅游中发挥着重要作用。志愿者们在机场、景区、酒店等场所为国际游客提供帮助和服务，他们以热情友好的态度和无私奉献的精神展现了中国人民的良好形象。这种志愿者精神不仅在旅游领域得到弘扬，也在全社会范围内产生了积极的影响，激励更多的人参与到社会公益事业中来，促进了社会共同价值观的形成与塑造。此外，国际入境旅游的发展也促使我国社会更加注重环境保护、文化遗产保护等公共利益问题。当整个社会意识到良好的生态环境和丰富的文化遗产是吸引国际游客的重要资源时，就会更加积极地倡导和践行可持续发展的理念，形成全社会共同保护环境、保护文化遗产的价值共识。这种社会共同价值观的塑造有助于凝聚社会力量，促进社会的和谐稳定发展。

（二）提升社会文明程度

为了满足国际游客的需求，我国旅游业不断提升服务质量和标准，在一定程度上带动了整个社会服务行业的规范化与专业化发展。酒店、餐厅、旅行社等旅游相关企业为了给国际游客提供优质的服务体验，加强了对员工的专业培训，包括外语水平、国际礼仪、服务技能等方面的培训。例如，许多五星级酒店会定期组织员工参加国际礼仪培训课程，学习不同国家的礼仪文化和商务礼仪规范，以便更好地与国际游客进行沟通与服务。

这些经过专业培训的旅游从业人员在日常工作中所展现出的良好服务态度和规范的礼仪行为，会对社会其他行业产生示范效应。随着时间的推移，这种示范效应会逐渐扩散到整个社会服务领域，促使更多的服务行业从业者注重自身素质的提升和服务规范的遵守。例如，在一些旅游城市的公共交通系统中，公交司机和乘务人员的服务态度和文明用语使用情况有了明显改善，他们更加注重与乘客的沟通交流，为乘客提供更加贴心的服务。民众也在与游客的互动中不断提升自身素质与文明修养，从而推动社会文明程度的整体进步。

国际游客在我国旅游过程中的文明行为和良好素养也会对我国居民产生积极的影响。许多外国游客具有较强的环保意识、遵守公共秩序的意识以及尊重他人文化习俗的意识。例如，在我国的一些自然风景区，外国游客通常会自觉遵守景区的环保规定，将垃圾带走，不随意破坏自然景观。我国居民在与这些外国游客的接触过程中，会受到他们文明行为的感染和启发，从而提高自身的文明素质。在一些历史文化名城如西安，外国游客在参观古建筑和文物古迹时，会表现出对历史文化的敬畏之情，遵守参观秩序，不大声喧哗。当地居民在与这些游客的互动中，也逐渐意识到保护历史文化遗产的重要性，并且在日常生活中更加注重自身行为对文化环境的影响。这种游客与居民之间文明素质的相互影响和促进，有助于在全社会形成文明旅游、文明生活的良好风尚，推动社会文明程度的不断提升。

（三）改善社会福祉

入境旅游的发展对公共服务设施提出了更高要求，包括交通网络的优化、旅游设施的完善、语言环境及信息服务系统的提升等。这不仅满足了国际游客的基本需求，也间接提升了本地居民的生活质量，实现了公共服务的均等化与优质化。政府与企业针对入境旅游的服务改进，客观上推动了整个公共服务体系的现代化进程。入境旅游带来的大量人流，对公共安全、环境卫生、市场秩序等提出了更高要求，促使政府及相关部门加强监管，完善旅游法规，提升服务质量与效率。同时，入境旅游也推动了应急管理体系的建设，如旅游突发事件应急响应机制的完善，提高了应对自然灾害、公共卫生事件等突发情况的能力，为国际游客提供了更加安全、有序的旅行环境。

入境旅游带动的经济发展能为社会福祉的增进奠定坚实的物质基础，无论是就业机会的增加、公共设施的完善还是文化教育资源的丰富，都让全体社会成员从中受益，促进社会向着更加和谐、美好的方向发展。这一系列影响共同彰显了入境旅游在促进社会全面进步与可持续发展中的关键作用。

四、外交价值

文化和旅游部在有关文件资料中提到：很多到过中国的人，在体验了中国山河壮丽、文化精深、经济繁荣、社会进步、人民好客之后，成了中国人民的朋友，回国之后，成了主动宣传介绍中国的宣传员。"山河、文化、经济、社会和人民"在这里成了外交的"窗口"，而外国旅游者则透过"窗口"变成了介绍中国的"宣传员"。旅游作为一种典型的跨文化实践活动，在两种文化体系之间构建起了沟通的桥梁，其本质可视为外交活动在民间领域的延伸与拓展。游客在旅游过程中扮演着极为关键的角色，他们犹如穿梭于不同文化语境间的翻译官，绝非国际关系格局中单纯的"被动接受者"，而是以积极的姿态成为外交关系的创造者与塑造者，足以担当"民间外交官"之美誉。在游客深入体验异国文化之际，他们一方面在潜移默化中树立起本国形象，另一方面也在传递着本国政府的利益诉求与价值理念。由此可见，国际旅游并非仅仅局限于文化交流与经济互动层面，其在政治维度上也具备不可忽视的重要价值，已然成为一种行之有效的外交工具与策略手段，深刻影响着国际关系的构建与发展。

（一）改善国际舆论环境与塑造正面国家形象

国家形象乃是特定国家基于其历史演进与现实状况，以及各类国家行为与活动，在国际社会与国内民众认知范畴中所形成的综合性印象及评价体系。积极构建良好的国家形象对于国家地位的提升、发展进程的推进、安全态势的维护、综合国力的强化以及国际竞争力的增进均具有极为关键的战略意义。国家形象的构建途径主要涵盖自我塑造与他人塑造等多元模式。在过往较长时期的国际传播格局中，我国国家形象的构建多依赖他人塑造路径，即借助西方媒体针对中国的新闻传播活动，以外部"他者"视角来勾勒中国形象。长期以来，西方部分媒体凭借话语霸权对我国进行了诸多不实报道，导致国际社会对我国形象存在一定程度的误读与偏见。近年来，我国高度重视国家形象的主动构建，强调借助国内外各类媒体力量在国际舞台上讲述中国故事，致力于实现国家形象构建从他人塑造向自我塑造的战略重心转移。这一转变具有重要意义，能够突破西方审视框架下的内容局限以及他人塑造模式所衍生的认知偏差，但同时也面临着如何突破"自说自话"式传播困境的现实难题。在当前复杂多变且充满挑战的国际舆论环境下，西方社会针对我国国家形象存在诸多误读与扭曲现象，各类"妖魔化""污名化"行径频繁出现。在此背景下，"来华方能真正知华"理念凸显了其重要价值。正如马克·吐温所言："旅行对偏见、偏执和狭隘是致命的。"

入境旅游提供了一个让世界直接认识真实中国的窗口，积极发展入境旅游对塑造我国良好的"第一印象"，消减国外对我国的"刻板印象"具有重要作用。诚如俗语所云"百闻不如一见"，境外游客因目的地吸引力而赴一国旅行，其通过亲身的视觉所见、听觉感知以及全身心的体验感悟所形成的对目的地国家的认知，相较于间接信息获取更为直接、客观且深刻。入境旅游为各国提供了一个直观展现本国文化、社会和发展成就的窗口，是国家形象塑造的核心平台之一。在国际游客的实际体验中，国家形象不再停留于抽象的政治、经济宣传，而是以具体的文化场景、社会秩序和人文氛围为载体，向外界传递真实、生动的国家面貌。首先，通过入境旅游，国际游客能够直接感受到目的地国家的自然景观、历史遗迹和文化特色，这些资源是国家软实力的重要组成部分。例如，中国的长城、故宫、敦煌莫高窟等世界文化遗产，不仅体现了中华民族悠久的历史与智慧，还通过对这些文化资源的保护与展示，向世界传递了可持续发展的理念和文化责任感。这种体验式的接触有助于国际游客形成对目的地国家正面、立体的认知，从而提升国家的整体形象。其次，入境旅游还能够通过社会互动塑造国家的人文形象。旅游过程中，游客不仅与景点互动，更与当地居民、服务行业从业者以及社会环境进行深度接触。例如，服务行业中的热情好客、诚实守信、文明礼貌等行为都会在国际游客心中构建目的地国的良好印象。这种软性的形象塑造远比单一的外交宣传更具感染力和说服力。

2023 年以来，伴随出入境航线持续修复，签证利好政策频出以及国内文旅消费等服务供给持续优化等因素，我国正在鼓励和吸引更多外国游客亲身来中国体验，从而化解西方"主流"媒体的负面叙事。2024 年以来外国入境游客数量同比有所增长，旅行体验也得到认可，"China Travel""City 不 City"等网络热词在自媒体等平台较受关注。外国博主和社交媒体网红以视频的方式展示中国，这一趋势日益增强。他们分享关于中国的文化遗产、现代生活方式、令人印象深刻的交通基础设施和城乡发展现状。这些网红通常被认为比官方推广更有亲和力，他们在中国的旅行经历使其能够形成基于自身观察与感受的认知，这些第一手的经验往往比单纯的媒体宣传更具说服力。当大量游客带着积极的旅行体验回国后，他们会在其社交圈子、工作场所等传播中国的真实情况，形成广泛的口碑效应。这种民间自发的正面传播有助于纠正国际舆论中对我国的歪曲认知，逐步塑造一个真实、繁荣、和谐、开放且富有魅力的中国形象。国际游客正在重塑全球对中国的看法，尤其在西方年轻受众中。在各类交流平台上，不少外国网友表示对中国的美食美景、传统文化、基础设施、外卖和线上支付感到惊讶。在多个平台上，表示想要来中国旅游，亲身感受我国风土人情而不再听信部分西方媒体偏负面报道的趋势越加强烈。入境旅游为海外游客提供了亲身体验我国发展成果的机会，并且能够进一步提升他们对我国文化软实力的认知和我国真实国情的传播。

在国家形象塑造进程中，入境旅游作为一种极为独特的方式脱颖而出。其在公众直接接触方面最具特性，呈现出丰富多元与灵活多变的态势，涉及文化、社会、经济等多维度内涵，具有显著的主场效应。入境旅游被视作"民间外交"的重要组成部分，在国家形象塑造实践中兼具他人塑造、自我塑造、塑造他人以及共同塑造等多重功能属性。尽管入境旅游在提升国家国际形象和地位方面具有显著优势，但也面临挑战。国际游客的多样化需求与文化差异可能引发误解或冲突，特别是在服务质量、文化敏感性和语言沟通等方面，可能影响国家形象的正面传播。因此，目的地国家需要制定完善的旅游政策，加强服务行业的国际化培训与文化敏感性培养，确保游客体验的质量。与此同时，国家可以借助科技手段，如智慧旅游平台和线上文化展示，提升入境旅游的吸引力与传播效应，从而在后疫情时代实现更高水平的形象传播与国际地位提升。入境旅游作为国家软实力建设的重要组成部分，在塑造国家国际形象、增强文化传播效应以及提升国际地位方面发挥了重要作用。通过提供真实、多维的文化体验，入境旅游能够有效拉近我国与世界的距离，增强国际社会对我国文化的认同感和支持度。然而，要最大化入境旅游的外交效应，国家需要在政策、服务和传播手段上进行系统优化，以确保这一战略资源能够持续助力国家的现代化进程与软实力提升。

（二）增进中外民间友好，夯实国家间关系根基

"国之交在于民相亲，民相亲在于心相通。"从国际关系层面而言，国之

交的根基在于民众间的友好往来与相互亲近，而民众间的亲近源于心灵的相通，心灵相通则建立在多元交往互动之上。习近平总书记提出：旅游是传播文明、交流文化、增进友谊的桥梁，是人民生活水平提高的一个重要指标，是增强人们亲近感的最好方式。入境旅游是国家文化软实力的象征，也是促进国际经贸合作和民间交往的载体[①]。在贸易保护主义抬头的国际背景下，发挥入境旅游有助于拉近中外民众的距离，促进民心相通。

群际接触理论认为通过接触，人们能够消除偏见，增进相互了解，进而协调群体间的关系。随着群体间接触机会的增加，群体成员更有可能抛弃他们的消极刻板印象，对群体成员形成更积极的态度。封闭的社会容易产生猜疑、敌意和武装冲突。正是由于与其他国家文化上的隔离、心理上的距离和不了解导致了恐惧和猜疑，进而助长了潜在的破坏性冲突[②]。群体间面对面的沟通和积极的人际交往，特别是社区层面的，能增进相互的信任。接触理论还表明，个人接触的质量和数量与旅游业带来的和平呈正相关。因此，要想增进群际间的信任，就要鼓励群际间的接触，提升互动的频次[③]。如果游客和东道主之间的互动是积极的，并且建立在相互尊重的基础上，那么他们就是最好的和平促进者[④]。旅游业是推倒隔离之墙、开辟和平之路的可行道路。入境旅游为游客和东道主近距离接触提供了机会，使不同国家民众之间的近距离接触成为可能，消除隔阂，加深理解，在非政治层面促进国际关系的发展[⑤]。

国之交在于民相亲，入境旅游是促进中外民间友好往来的有效桥梁。来自世界各地的游客在与中国普通民众的日常接触互动中，如在酒店、餐厅、

---

① 王佳莹，张辉. 国际旅游能缩小地区收入差距吗？［J］.经济管理，2021（5）：75.

② D'Amore L. Tourism：The world's peace industry［J］. Tourism Recreation Research，1988，13（2）：29.

③ 吴乐杨. 旅游与和平：旅游互动在两岸关系和平发展中的功能机制分析［J］.厦门特区党校学报，2013（4）：52.

④ Nyaupane G P，Teye V，Paris C. Innocents abroad：Attitude change toward hosts［J］. Annals of Tourism Research，2008，35（3）：650.

⑤ 李中建. 中国出境旅游国际影响力的时空测评研究［D］.西安：陕西师范大学，2019.

旅游景区等地的交流，能够建立起跨越国界的个人友谊与情感纽带。这种民间层面的友好关系虽然看似微观，但具有强大的聚合效应。众多游客及其背后家庭、社交网络对中国的友好情感汇聚起来，将为国家间的宏观关系奠定坚实的民意基础。例如，许多曾到中国旅游的外国游客因喜爱中国文化与人民，在其本国积极参与促进两国文化交流、经贸合作等活动，成为推动双边关系持续发展的民间使者。这种自下而上的民间友好力量能够在国际关系面临挑战与波动时，发挥缓冲与稳定作用，增强国家间关系的韧性与可持续性。

（三）拓展外交多元性，助力实现多轨外交矩阵

传统外交主要依赖政府间的官方交往与外交谈判等形式，"旅游外交"是指通过旅游活动及相关产业发展，促进国家间的文化交流、政治互动、经济合作和社会互信的一种公共外交形式。我国旅游外交经历了从单纯到综合的发展道路，表现为较单纯的外交工具（意识形态的影响，强调政治接待，政治属性浓厚）—产业和经济功能凸显（民间外交的认识和深化）—旅游外交功能逐渐显现（旅游外交的多方面表达）[①]。作为软实力外交的重要组成部分，旅游外交既涵盖了通过旅游向外界传播国家形象的"输出型"功能，也包括吸引外国游客访问本国以实现互动与了解的"接触型"功能。入境旅游的发展为外交活动注入了新的活力与元素，极大地拓展了外交的多元性。入境旅游在旅游外交的整体架构中占据着双重关键地位，既构成其不可或缺的重要支撑力量，也成为其核心组成部分之一。

入境旅游外交活动如国际旅游文化节、中外旅游年等的举办，将旅游与外交有机结合，吸引了各国政府官员、旅游企业代表、文化艺术界人士等广泛参与。这些活动不仅促进了旅游领域的国际合作，还为各国在政治、经济、文化等多领域的交流与协商创造了契机与平台。此外，入境旅游中的游客群体本身也成为一种特殊的外交资源，他们的需求与反馈能够促使我国旅游服

---

① 杨劲松.旅游外交内涵辨析、当前问题分析和提升建议［J］.中国旅游评论，2020（2）：126.

务质量提升、旅游基础设施完善等，进而提升我国在国际旅游市场的竞争力与影响力，从侧面推动我国整体外交实力的增强。例如，"一带一路"倡议下的旅游合作项目，通过促进沿线国家间的入境旅游发展，加强了区域间的互联互通与全方位合作，丰富了我国在多边外交框架下的实践形式与内涵。

入境旅游活动本身具备广泛的参与性与代表性，属于典型的民间交流范式，故而有力地促进了各国人民之间的相互理解与友好情谊的深化。从现实维度审视，入境旅游外交在强化中外民间友好互动层面展现出极为显著的影响力，极大增进了不同国家民众彼此间的深度理解。通常而言，游客在异国旅游期间所形成的综合评价乃是基于多维度视角而产生的，往往具有较强的客观性与参考价值。旅游外交在诸多情形中相较于传统的官方外交模式更具先行性，在国家关系尚未步入常态化阶段时，国与国之间的互动联系往往借助民间交往渠道予以达成，而入境旅游外交则是民间交往体系中的重要组成部分。入境旅游外交在增进中外民间友好关系方面所蕴含的功能价值，已获得各国政府部门与旅游业界的广泛认同。

（四）提升国际话语权，构建国际外交新秩序

我国借助旅游外交这一有力途径，在规则制定与增强话语权层面，有力地提升了国际地位。通过积极参与多边和双边主流合作平台的议题讨论，我国得以深度介入全球经济治理体系的塑造过程，不仅有助于打破既有规则制定格局中可能存在的不平衡，更促使全球经济治理体系朝着更为公平合理的方向演进，让我国在国际经济与外交领域的发声更具分量与影响力。就议题构建而言，入境旅游为旅游议题筛选和确立常态化沟通机制提供了契机与实践基础。在议题设置、成果设计、协调流程以及具体实施方案等关键环节提前谋划、下先手棋，使得我国能够在旅游相关国际议题的形成与传播过程中占据主动地位。这种主动构建议题的能力，有助于引导国际旅游合作的方向与重点，进而为我国在国际旅游外交领域赢得更多的主导权。在合作内容拓展方面，入境旅游促使我国将国际安全目的地标准、游客满意议题等纳入与

相关国家和地区的旅游磋商及各类旅游合作之中。通过开展联合调研，并依据调研结果进行行政与商业救援机制共建以及服务标准体系制定的深度对接，进一步丰富了旅游合作的内涵与深度。这不仅提升了旅游合作的质量与可持续性，还在国际旅游合作领域树立了我国注重品质与安全的良好形象，为我国在国际旅游外交中赢得更多尊重与认可。

从平台作用发挥来看，我国借助入境旅游在世界主要旅游平台如联合国旅游组织（UN Tourism）、世界旅游业理事会（WTTC）、世界旅游联盟（WTA）、世界旅游城市联合会（WTCF）和亚太旅游协会（PATA）等中积极发挥主导作用。同时，通过建立双边、区域政府间旅游经济联委会、混委会等平台，以及重点推进与东盟、欧洲、非洲、拉美和阿拉伯国家的旅游合作，争取建立诸如中俄旅游论坛等常设合作平台并落实相关后续工作，我国在国际旅游合作的平台搭建与关系巩固方面取得了显著成效。这一系列举措有效拓展了我国在国际旅游领域的影响力及辐射范围，增强了我国在国际旅游外交格局中的话语权。在合作固化与机制建立方面，入境旅游助力我国将旅游参与作为必要内容固化在重要国际合作的对外磋商、政策审议、要情通报和咨询义务履行中，并且积极构建世界旅游经济预警机制、安全预警机制和突发事件紧急处置机制，同时与重要客源地与目的地建立健全市场互换机制和旅游目的地满意度评估机制。这些举措使得旅游在国际合作中的地位更加稳固，也为我国在应对旅游相关国际事务时提供了更为完善的制度保障与应对机制，进一步提升了我国在国际旅游外交中的话语权与影响力。

在对话机制优化层面，入境旅游推动我国优化中央与地方、与相关国家或地区，以及与旅游界领袖间的常态化的对话机制。加强双边或多边地方政府在人员互访、重大信息通报、安全预警、突发事件处置、服务和标准对接等方面的沟通与交流，使旅游外交在不同层级政府间以及与业界的互动更为顺畅高效。这不仅有助于及时解决旅游合作过程中出现的各类问题，还能进一步深化我国与其他国家在旅游领域的合作关系，为我国在国际旅游外交领域营造更为有利的环境，从而在构建国际外交新秩序中发挥更为重要的作用。

入境旅游通过上述诸多方面的表现，全方位助力我国在掌握国际话语权、构建国际外交新秩序的征程中稳步前行，成为我国国际外交战略布局中不可或缺的重要力量。

五、科技价值

国际入境旅游的兴盛不仅是文化交流与经济发展的催化剂，更是驱动科技创新和产业升级的重要引擎。在全球化与数字化加速融合的时代，中国大力发展国际入境旅游，不仅带动了旅游相关产业的发展，更在深层次上创造了多维度的科技价值。

（一）推动智慧科技创新与产业升级

如今，国际入境游客对目的地的数字化体验需求越来越高，如精准的交通导航、多语言服务和线上导览等，这种需求促使我国加快智慧城市和智慧景区的建设。通过入境客流的数据分析，优化城市交通、安防系统及公共服务设施，提升综合管理能力。大数据分析与5G网络的普及不仅支撑了游客需求，也成为智慧城市整体管理架构的重要一环。无人机、虚拟现实（VR）等技术的应用，为景区的管理、营销和游客体验提供了全新解决方案。这种科技驱动下的产业升级，不仅改善了国内旅游接待服务，还间接推动了城市数字化基础设施的完善。

国际游客带来的高频支付需求催生了跨境支付技术的高速发展和跨境金融技术突破。支付宝、微信支付等支付平台在全球市场迅速扩展，在支付安全性提升和支付体系国际化等方面实现了技术突破。为保障入境旅客的支付安全，开发了多层加密、智能反欺诈和生物识别技术。针对国际游客的支付习惯和多币种需求，推动了人民币国际化与跨境金融技术的协同发展。这种技术创新不仅提升了入境旅客的支付体验，还推动了中国在国际支付领域的科技竞争力。入境旅游促进了人工智能技术在语言翻译、行为分析及智能服务领域的突破。如百度翻译、讯飞听见等智能翻译工具通过与入境旅游需求对接，优化了实时语音翻译、OCR识别等技术。如中青旅国际旅游公司主动拥抱数字化技术自主开发外语导游App——熊猫导游，抢占入境散客市场份额。

入境旅游催生了产品和商业模式创新，新冠疫情的暴发迫使行业从业者思考未来的可能出路。云游天下（北京）科技有限公司和北京京骑文化传播有限公司的创始人都是资深外语导游，他们结合以往经验和入境游客实际需求提供数字化服务，其中云游天下开发和上线了"共享好导游"App及小程序，为游客提供高性价比的真人语音讲解服务，为广大导游提供新的就业机会。京骑文化研发了入境游客非常喜爱的骑游产品，导游通过App在骑行途中为游客提供讲解服务。在全球数字化转型的背景下，旅游供应链各个环节上的市场主体均在不同程度地进行数字化转型，入境旅行服务商的数字化转型在未来也将更加迫切。疫情摧毁了以"海外组团社—外联社—地接社"这一传统业务链条为基础的行业生态，数字化基础更好的新兴入境旅行服务商及行业新进入者将更多参与行业生态重建，这也意味着数字化正在重塑行业生态。

（二）完善技术生态体系与跨行业融合

入境旅游的智慧发展需要整合多方资源，形成一个科技驱动的综合生态体系。通过协调旅游、交通、支付、通信等行业的技术协作，不仅提升了游客体验，也推动了各行业的技术融合。例如，高铁、共享单车等智能化的交通体系，为入境游客提供了更便捷的选择，同时优化了中国交通基础设施的管理能力。为保障国际游客网络覆盖，中国在5G网络建设中优先考虑热点景区和机场，为全社会提供高质量通信服务树立了标杆。这一技术生态体系的建立，使得中国各行业技术协作能力显著增强，也为相关产业的长期发展提供了强大支持。

入境旅游的发展使得许多智慧生活技术得以规模化应用，如无接触服务、机器人服务员、智能门锁等技术得到普及应用。入境游客的身份验证需求催生了基于区块链技术的数字护照与电子签证系统，这不仅提升了边检效率，也推动了数字身份在国内的广泛应用。这种跨行业的技术融合和生态体系建设，为中国未来智能社会的建设奠定了重要基础。

入境旅游在完善技术生态体系与促进跨行业融合方面彰显出独特的价值。从技术生态体系的完善来看，入境旅游带来了不同国家和地区游客的多元需求与多样技术应用场景。例如，为了满足入境游客在旅行过程中对便捷性、个性化以及实时性信息获取的要求，携程整合了来自不同国家和地区的信息服务商所提供的技术资源，如地图导航技术、多语言智能客服技术以及基于当地文化特色的旅游推荐算法技术等。通过与信息服务商的协同合作，携程能够将这些分散的技术资源进行整合与优化，构建起一套更加全面、精准且适应国际化需求的技术生态体系，从而为入境游客提供从出发地到目的地的全方位、一站式的优质旅游技术服务体验。协同能力的打造是旅游企业打破跨界行业壁垒的钥匙。旅游企业将海外旅游供应商、入境游客、信息服务商等纳入企业"虚拟团队"构建中，推动生态系统价值共创。携程"全球影响力计划"就深刻诠释了协同的重要性，通过与海外旅游供应商的紧密协同，将旅游产业链条进一步延伸至其他行业。

国际入境游客对环保的关注为绿色技术的创新带来了机遇。中国在低碳出行、生态旅游等方面的技术探索主要体现在新能源交通工具方面，像景区内的新能源车、太阳能充电站等技术和产品，不仅满足了国际游客需求，也推动了新能源产业发展。国际游客对绿色建筑的需求，使得环保建筑材料、节能设施的技术研发得到快速推进。绿色旅游技术的发展不仅满足了国际市场需求，也推动了中国可持续技术的全球竞争力提升。

（三）深化国际科技合作与全球影响力提升

国际入境旅游要求我国在支付、通信、交通等领域提供国际化服务。这种需求促使中国技术标准逐步与国际市场对接。5G技术的国际推广不仅提升了入境旅客的通信体验，也树立了中国在全球通信领域的技术领导地位。中国的移动支付技术在亚洲、欧洲市场的广泛应用，直接助力了人民币国际化进程。通过入境旅游领域的技术输出，中国的技术标准正逐步成为国际行业的标杆。国际游客的多样化需求促使中外科技企业加强合作。例如，中外技术团队共同开发全球化的智能翻译系统，联合研发多语言技术。中国通过与国际企业合作，将智慧景区建设经验推广至"一带一路"沿线国家，共享智慧旅游技术。这种合作不仅提高了技术研发效率，也促进了我国科技领域的国际化进程。

国际入境旅游的发展已经超越了传统意义上的文化与经济效益范畴，成为驱动科技创新、生态完善与国际合作的重要力量。国际入境旅游不仅是我国展示文化魅力的重要窗口，也是加速科技发展的绝佳契机。抓住这一契机，中国在全球科技版图中的地位必将更加稳固。

六、生态价值

在工业化进程中，世界各国普遍面临着经济增长与环境恶化的矛盾。一方面，经济快速发展，生产和消费活动不断扩张；另一方面，诸如大气污染、水污染、森林减少等环境问题越发突出。人们开始思考经济增长与环境质量之间是否存在某种规律性的联系，环境库兹涅茨曲线（Environmental Kuznets Curve，EKC）即 EKC 假说便在这样的背景下应运而生。该假说是经济学领域用于探讨经济增长与环境质量之间关系的一种重要理论，源于对传统经济增长理论和环境问题的综合考量。20 世纪 50 年代，美国经济学家西蒙·库兹涅茨（Simon Kuznets）提出了收入分配的倒 U 形曲线假说，指出随着经济发展，收入分配差距会先扩大后缩小。受此启发，20 世纪 90 年代初，美国经济学家格罗斯曼（Gene M. Grossman）和克鲁格（Alan B. Krueger）在研究北美自由贸易协定（NAFTA）的环境影响时，首次将环境质量与经济增长联系起来进行分析，并提出了环境库兹涅茨曲线假说（EKC 假说）。EKC 假说认为，在经济发展的初期阶段，随着人均收入水平的提高，环境质量会逐渐下降；然而，当经济发展到一定水平后（通常以人均收入达到某个特定阈值来衡量），环境质量会随着人均收入的进一步增加而逐步改善，即经济增长与环境质量之间呈现出一种倒 U 形的曲线关系。中国经济经过多年的快速发展，已经取得了举世瞩目的成就，目前正处于经济结构调整、产业升级以及向高质量发展转型的重要阶段。入境旅游作为服务业的重要组成部分，大力发展入境旅游与现阶段的经济发展特征和生态环境高质量发展目标相契合。

（一）推动产业结构优化，缓解环境压力

在早期工业化阶段，中国经济增长主要依靠制造业等产业拉动，不可避免地带来了一定程度的环境压力。如今随着人均收入的提升以及对生态环境重视程度的增加，大力发展入境旅游成为推动经济继续增长同时兼顾生态保护的优选路径之一。入境旅游是典型的绿色产业，对资源消耗相对较少，且能产生较高的经济附加值，契合当下追求可持续发展、优化经济结构的目标。

入境旅游有助于促进中国产业结构从传统高污染、高耗能的工业主导逐步向以服务业为主导转变。与工业生产相比，旅游活动本身对环境的直接破坏和污染相对较小。例如，游客在游览自然景区、体验文化旅游项目过程中，更多的是对既有资源的欣赏和文化内涵的感受，而非像工业生产那样大量消耗原材料、排放污染物。随着入境旅游规模的扩大，越来越多的人力、物力、财力资源向旅游及相关配套服务业聚集，相应地减少了对高污染产业的依赖，使得整体经济发展过程中的环境压力得到缓解，推动经济与环境关系向 EKC 曲线中环境质量改善的后半段迈进。例如，云南丽江过去经济发展较为依赖传统的农业和一些小型加工业，生态环境面临一定压力。但近年来，丽江凭借其独特的自然风光和民族文化大力发展旅游，旅游收入在地区生产总值中的占比不断提高，吸引了大量劳动力从传统农业和高耗能小工业转入旅游服务行业，如从事民宿经营、景区讲解、传统手工艺品制作售卖等工作，不仅减少了因工业生产带来的废水、废气排放等环境问题，还使得丽江的整体生态环境因旅游发展得到了更好的保护和修复，山更绿、水更清，生态价值凸显。

（二）提升环保意识，促进生态保护投入

入境旅游的发展使得大量外国游客来到中国，他们往往有着较高的环保意识和对生态环境质量的期望。当地居民和旅游从业者在与外国游客频繁接触和交流的过程中，会受到这种环保观念的影响，从而增强自身的环保意识。例如，在黄山景区，国际游客普遍响应"无痕旅游"倡议，逐步带动了中国游客的环保行为改进。在一些热门的入境旅游目的地，外国游客对景区环境卫生、生态资源保护等方面的关注和示范行为，促使当地居民更加自觉地爱护周边环境，减少乱扔垃圾、破坏植被等不良行为，形成良好的生态保护氛围，这与 EKC 假说中经济发展到一定阶段人们对环境质量要求提高相呼应。

国际入境旅游也是推动国内环保行为改善的动力。研究表明空气污染、雾霾天气等生态环境问题会阻碍游客入境旅游意愿[1][2]。为了吸引更多的入境游客，满足他们对优质生态环境的需求，政府和相关企业会加大对生态环境保护的投入。一方面，政府会投入资金用于景区生态修复、自然保护区建设、污水和垃圾处理设施完善等，确保旅游目的地生态环境可持续发展。另一方面，入境旅游带来的经济回报可支持生态保护工作。

同时，通过合理规划和开发生态旅游景区，将保护自然生态与吸引国际游客相结合，可使景区在生态保护中实现旅游收益最大化。例如，九寨沟景区以其独特的自然生态环境吸引了大量国际游客，而景区管理部门将门票收益的一部分用于维护当地的生态系统和生物多样性。此外，旅游企业也会积极参与生态保护行动，如酒店采用更环保的能源供应系统、减少一次性用品使用，景区加强生态监测和环境管理等。以杭州西湖景区为例，为了持续吸引国内外游客，尤其是入境游客，当地不断投入资金治理西湖水体、优化周

---

① Deng T, Li X, Ma M. Evaluating impact of air pollution on China's inbound tourism industry: A spatial econometric approach [J]. Asia Pacific Journal of Tourism Research，2017，22（7）：771.

② 张晨，高峻，丁培毅.雾霾天气对潜在海外游客来华意愿的影响——基于目的地形象和风险感知理论 [J].旅游学刊，2017，32（12）：58.

边绿化环境、完善生态步道等基础设施，不仅提升了景区的生态质量，也为整个城市的生态系统稳定和优化做出贡献，这正符合 EKC 曲线后期环境质量随经济发展改善的趋势。

（三）激励绿色技术应用，优化资源利用

入境旅游的市场需求对旅游产品和服务的生态友好性提出了更高要求，激励相关企业和机构积极采用绿色技术来提升旅游的生态品质。2022 年，北京冬奥会吸引了大量国际游客，相关配套设施如可再生能源使用、环保场馆建设均成为低碳发展的典范。中国许多景区加强了绿色交通、节能建筑和环保设施建设，如推广新能源车辆、建设零排放酒店等。景区可以利用智能监控和环境感应技术实时监测生态环境指标，以便及时采取保护措施；交通部门在旅游线路中推广新能源车辆，减少碳排放对景区及周边环境的影响；旅游餐饮企业采用更环保的食材采购、加工和废弃物处理方式等。这些绿色技术的应用有助于提高资源利用效率，减少对环境的负面影响，推动整个旅游产业乃至地区经济向着更绿色、可持续的方向发展，契合 EKC 曲线中经济发展带动环境质量改善阶段中技术进步发挥积极作用这一特点。

入境旅游促使旅游目的地更加注重对本地生态资源的合理开发和循环利用。一些以生态旅游为主的地区，会依据自然生态承载能力科学规划旅游线路和游客接待量，避免过度开发对生态环境造成破坏；同时，对旅游活动中产生的可回收资源进行有效分类和循环利用，像将废弃的旅游宣传资料纸张、塑料瓶等进行回收再加工，既节约了资源，又减少了废弃物对环境的污染，实现生态资源的可持续利用，助力环境质量在经济发展过程中不断改善。

（四）推动全球生态合作与绿色外交

通过接待国际游客，中国与其他国家在生态旅游管理、环境保护技术等领域开展合作交流，共同推动全球生态保护进程。中国在联合国教科文组织的支持下，与多个国家分享了生态旅游的管理经验，如世界自然遗产地的可

持续开发模式等。国际旅游成为全球生态合作的重要纽带，促进了国家间在生态领域的技术互通和经验共享。通过国际入境旅游，向全球游客展示中国在生态保护和可持续发展中的成就，例如自然保护区的成功管理、污染治理的显著成果等。海南岛的国际生态旅游推广活动，不仅吸引了全球游客，还展现了中国生态保护和绿色发展的承诺。国际旅游增强了国际社会对中国生态保护成效的认可，提升了国家的国际声誉，加强了中国在生态保护方面的国际话语权，提升了绿色外交形象。

综上所述，依据 EKC 假说，入境旅游在推动我国产业结构优化、提高环保意识与投入以及激励绿色技术应用和资源利用优化等多方面展现出显著的生态价值，促使中国在经济持续增长的同时，加快环境质量从 EKC 曲线中前期的下降或不稳定状态向后期改善、优化的阶段转变，实现经济与生态环境的协调、可持续发展。国际入境旅游不仅是我国经济增长的引擎，也是生态文明建设的重要抓手。它通过连接人与自然、国家与国家，为全球生态保护和可持续发展注入了新的活力。

第三章 | 后疫情时代我国入境旅游发展现状

一、新冠疫情对我国入境旅游的影响

2020 年 3 月 11 日，世界卫生组织宣布新冠疫情构成"全球大流行"。新冠疫情作为一个重大公共卫生事件对我国入境旅游带来前所未有的冲击，为保障国民安全，维护来之不易的抗疫成果，我国不得不对国际旅行采取限制措施。2020—2022 年我国入境旅游遭受了前所未有的冲击，具体表现在以下几个方面。

（一）国际游客数量大幅下降，旅游收入严重下滑

虽然新冠疫情于 2019 年年底在湖北省武汉市暴发，但其还未对当年入境旅游带来负面影响。2019 年，我国接待入境游客 1.45 亿人次，同比增长 2.9%。其中，接待入境过夜游客 6572.5 万人次、外国人入境游客 3188.3 万人次，分别同比增长 4.5% 和 4.4%。入境旅游收入同样保持稳步增长，达到 1312.5 亿美元，同比增长 3.3%。其中，外国人入境旅游收入 770.8 亿美元，同比增长 5.4%，是我国入境旅游收入的主要来源，占比近六成。

2020 年，受全球疫情影响，我国采取了严格的旅行限制措施，从 2020 年春节后入境旅游便出现断崖式下跌，入境旅游市场几乎陷入停滞。根据文化和旅游部发布的统计数据，2020 年，我国共接待入境游客 2747 万人次，同比下降 81%。其中，入境外国游客 412 万人次，外国过夜游客 184 万人次，分别下降 87% 和 93%。

2021 年全球疫情持续，许多国家依旧维持了对国际旅行的严格限制，特别是在疫情反复的情况下，中国也实施了严格的入境防控措施，导致国际游客数量大幅下降，据国家移民管理局公布的数据显示，2021 年全年外国人入出境 453.1 万人次，同比下降 65.9%。

2022 年，全球疫情形势依然严峻，我国继续坚持"外防输入、内防反弹"的防控策略，入境旅游市场保持低位运行。据国家移民管理局公布的数据显

示，2022 年外国人入出境 447.3 万人次。

入境旅游收入方面，国家统计局数据显示，2014—2019 年我国国际旅游收入（外汇），呈现出稳健增长的趋势。2014 年我国国际旅游收入（外汇）为 569.13 亿美元，到 2015 年实现翻倍增长，达到 1136.5 亿美元，到 2019 年时国际旅游收入（外汇）已经高达 1312.54 亿美元，同比上升 3.3%。据此推算，2020—2022 年疫情期间我国入境旅游市场损失了 3000 多亿美元的收入。

（二）疫情对中国旅游产业链全方位冲击

据中国旅游研究院统计，2019 年中国入境旅游的外国游客人数约为 3188 万人次，国际旅游收入约为 1313 亿美元（约合人民币 9170 亿元）。然而，随着疫情的暴发，2020 年年初，大量旅游预订被迫取消，旅游业的各个环节，如机票、住宿、地接服务等，均受到直接冲击，整个产业链的各个环节都面临前所未有的运营压力。从组团社、地接社等旅游中介企业的角度来看，疫情带来的不仅是游客流失的收入损失，还有由于不可抗力因素产生的退费及赔偿，这些额外的支出对企业运营造成了极大的负担。根据中国文旅部门的统计，疫情期间不仅入境游客数量锐减，游客的消费水平和旅游产品的采购也大幅下滑，进一步加重了企业的经营压力。

疫情对中国入境旅游供给体系产生了深刻且多层次的影响。首先，在政策层面上，严格的边境管控和旅行限制措施导致国际游客数量急剧下降，直接削弱了入境旅游市场的需求，严重影响旅游服务供给的持续性和稳定性。其次，疫情对旅游企业的运营构成了严峻挑战，许多企业面临财务困难，导致服务质量下降和市场竞争力削弱。旅游相关产业链也因需求萎缩而承受巨大压力，进一步加剧了供给侧的困境。行业在疫情期间几乎陷入停摆，导致现金流枯竭。在第一梯队，如旅行社、OTA、MICE（会奖旅游）等方面，疫情暴发时正值春节黄金周，大量订单被取消，退款需求直接冲击企业的现金储备。文化和旅游部数据显示，2019 年全国具有出境旅游业务资质的旅行社旅游业务营业收入 3960 亿元人民币，占全国旅行社总量的 76.66%；2020 年同比下降 79.6%，缩减至 809 亿元人民币，2021 年进一步缩减到 741 亿元人民币。在第二梯队，如景区、主题公园、酒店、民宿、演艺、综合度假区等目的地、场景消费类企业方面，疫情对其影响尤为直接，因为它们依赖游客流量维持运营。例如，浙江"猪栏咖啡吧"民宿在疫情期间全面停业，并对所有订单进行退款，几乎丧失全部收入来源。此外，全国范围内的景区关闭和大型演艺活动的取消导致早期的宣传和市场推广计划全盘落空。

入境旅游行业的营销投入通常以长期的战略布局为基础，通过广泛的海外宣传、广告投放、国际行业展会的参与等手段吸引外国游客，提升中国的国际旅游竞争力。然而，疫情暴发后，全球旅行禁令与各国边境关闭导致旅游业全面停摆，全行业陷入困境，前期已经投入海外营销及行业展会方面的巨额费用付诸东流。除了营销费用的直接损失外，疫情期间原有的入境旅游预订取消也带来了更为复杂的经济损失。除此之外像传统媒体类、咨询规划类、文创类等企业，在疫情期间也因"客户不开张"现象显著增加，导致相关业务停滞。例如，咨询规划公司因疫情期间无法进行实地考察或项目评估，业务进度延迟甚至取消。此外，文创企业因其依附于线下场景和游客需求，市场订单量骤减，也面临巨大的经营压力。疫情造成了全行业的收入骤减和现金流断裂。

总之，众多旅游企业，尤其是中小旅游企业，遭受了资金链断裂、订单取消、业务停滞等问题，生存压力巨大，部分企业甚至破产倒闭，导致旅游供给市场的主体数量减少，市场活力和竞争力下降。疫情改变了游客的消费观念和需求偏好，对旅游产品和服务的安全性、健康性、个性化等方面提出了更高要求。传统的旅游产品和服务模式已难以满足市场需求，需要旅游企业进行调整和创新，但这需要一定的时间和资源投入。此外，疫情促使旅游业加速数字化和智能化转型，推动线上旅游资源的配置与管理。然而，由于技术和基础设施建设的不足，这一转型过程面临诸多挑战，影响了供给体系的效率和创新能力。

（三）国际旅游从业人员流失和技能贬值

疫情导致旅游从业人员流失和技能贬值，给行业人力资源供给带来长期影响。在环球旅讯 2020 年对入境旅游业进行的一项在线问卷调查中，45.1%的受访者表示公司近期的收入完全归零，40.52% 的受访者表示公司收入下滑了 80%~99%，合计约 80.62% 的公司收入下滑了 80% 以上。疫情对入境旅游业的打击由此可见一斑。员工失业，收入下滑，人员流失严重更让行业的未来蒙上了一层阴影。特别是与入境旅游业相关的产品计调、市场营销、销售和外语导游人才的流失对行业的未来发展更是不能承受之重。

疫情期间的调查结果显示，22.36% 的受访者表示已经处于失业状态，20.16% 的员工轮流休无薪假，仅有 17.56% 的员工全职工作，没有休无薪假；有 9.78% 的员工已经离职，转行做其他行业；另外还有 20.56% 的员工在休无薪假，等待回原公司。同时，分别有 34.64% 和 45.97% 的受访者所在企业采取了裁员和减薪措施，高达 65.58% 的企业采取了全体或部分员工休无薪假的措施。员工收入也遭受了重大影响，有 75.65% 的受访者表示其个人收入下滑了 80%~100%，14.37% 的受访者收入下滑了 50%~80%，合计约 90% 的员工收入下滑了 50% 以上，收入的下滑将加速把专业人才推离这个行业。旅游行业人才的积累通常需要长期的培养和实践，尤其是外语导游、产品计调和市场营销等岗位。专业人才的流失不仅会削弱企业的服务能力，也会在行业复苏后造成不可逆的技能断层，对入境旅游业未来的市场竞争力构成严重威胁。

（四）旅游目的地形象受损

中国作为最早报告新冠疫情的国家，全球媒体形象受到显著冲击。以美国媒体为首的国际媒体对中国妖魔化、泼脏水式的报道，严重影响了国际游客对中国形象的正面认知。它们对中国是疫情起源地的恶意诱导，以及对中国积极应对疫情所采取的必要措施的诬陷和对中国信息透明度的质疑，严重削弱了中国作为安全旅游目的地的吸引力，中国的旅游形象在国际上受到极大损害，一些潜在游客对中国的旅游安全性产生质疑。长时间的严格防疫措施被外媒解读为对游客自由流动的不友好，进一步削弱了中国作为友好、开放旅游目的地的形象。

很多外国游客对我国好感度下降，包括民粹主义上升、敌意或负面宣传等。2022 年，Morning Consult 进行的各国对中国好感度民意调查显示，作为我国入境旅游主要客源国的日本、韩国，对中国持好感的人都低于 10%，原因之一是新冠疫情暴发后，日本和韩国的舆论环境对中国的报道多带有批评性质，特别是关于疫情起源、外交对抗等问题，使中国在国际社会的形象受损。疫情期间，国际游客对中国旅游目的地的信任度因对卫生条件和防疫管理的担忧而下降。即使在后疫情时期，游客对中国的信心恢复仍需时间，而这种滞后性可能对入境旅游的长期发展构成重大阻力。

（五）客源市场和目的地结构改变

疫情期间国际旅行限制、航班减少以及签证政策趋严，导致来自欧美、日韩及东南亚等传统入境旅游客源市场的游客大幅减少。以欧美市场为例，美国、英国、德国等国家赴华旅游人数在疫情期间出现了超过 80% 的急剧下滑，日本和韩国等亚洲传统客源国游客入境数量也锐减至以往的不足 20%。外国游客占比显著下降，入境游客更多为我国港澳台地区的旅客，但整体规模仍受到限制。在疫情防控政策下，商务和必要性旅行替代了传统休闲旅游，商务旅客的比例有所上升。在一些沿海城市和经济发达地区，商务旅客在入境旅客中的占比从疫情前的约 30% 上升至 50% 左右，且多集中在电子、金融、贸易等相关商务领域。

另外，人们更加偏爱受疫情影响较小的自然生态型旅游目的地，它们大都位于西部地区，如西藏、青海、宁夏、贵州、甘肃等。这些地区凭借广袤的自然景观、独特的生态资源和相对宽松的疫情管控环境，吸引了更多关注健康和自然体验的入境游客。例如，青海湖、敦煌莫高窟等景区在疫情期间虽游客总量下降，但在有限的接待量中，入境游客的比例有所增加，尤其是在国内疫情防控形势较好的间隙时段，吸引了不少来自欧洲和亚洲其他国家的摄影爱好者和生态旅游爱好者。同时，一些小众旅游目的地也因疫情而获得机遇，如四川的稻城亚丁、云南的普者黑等，以原始的自然风貌和相对私密的旅游体验，成为部分入境游客在疫情期间的新选择，改变了以往入境旅游主要集中在大城市和著名景区的目的地结构分布。

（六）旅游政策收紧和国际合作受限

疫情期间，各国纷纷采取严格的入境管制措施，限制人员流动，我国也不例外。这些政策虽然在疫情防控方面起到了积极作用，但也对入境旅游造成了直接阻碍，导致游客入境的便利性大大降低。大量国际航班停航或削减班次，签证办理流程变得更为复杂烦琐。我国实施的严格的入境隔离政策，使原本计划来华旅游的境外游客望而却步。许多传统的旅游客源市场如欧美、东亚等地区的游客人数锐减，一些依赖入境旅游的旅游企业，像国际旅行社、高端酒店、涉外旅游景区等面临业务严重萎缩的困境，部分甚至濒临破产边缘。

疫情使国际旅游交流与合作活动被迫中断或减少，如旅游展会、文化交流活动、旅游人才培训等。旅游展会是旅游行业展示创新成果、拓展市场客源、促进企业合作的重要平台，疫情期间众多国际知名旅游展会如柏林国际旅游交易会、伦敦世界旅游交易会等纷纷取消或转为线上，无法与国际旅游同行进行面对面的商务洽谈与合作交流，错失了大量潜在的商业合作机会。在文化交流活动方面，原本丰富多彩的中外文化年、旅游文化节等活动被迫中断，导致我国与其他国家之间旅游文化的相互传播与交融受阻，境外游客对我国独特文化魅力的感知和体验机会减少。此外，旅游人才培训方面的国际合作受限，会对入境旅游服务质量的提高和行业的长远发展产生不利影响。

二、新冠疫情影响入境旅游的深层次原因

（一）入境旅游的高脆弱性和高敏感性特征

入境旅游作为跨境人员流动的直接表现形式，因其受多维度因素的交叉影响，表现出显著的高脆弱性与高敏感性。地区冲突、外交关系紧张或签证政策变化等可能迅速影响游客流动。例如，中美关系的波动直接影响两国之间的入境旅游规模。国际金融危机、目的地货币贬值等都会对入境游客的消费能力及出行意愿造成冲击。新冠疫情期间，各国对人员跨境流动的严格限制，几乎完全中断了全球入境旅游市场，这充分体现了该行业易受到外部不可控因素影响的脆弱性表现。

入境旅游的需求与目的地的环境条件紧密相关，对自然灾害（如地震、台风、洪水）和社会事件（如恐怖袭击、罢工游行）的响应极为迅速。这种特性源于游客感知风险的非理性放大，入境游客通常对未知环境的不确定性感到恐惧，自然灾害或社会动荡会引发游客的强烈不安，从而显著削弱旅游需求。灾害对基础设施的破坏，道路、机场等基础设施受损可能导致旅游活动的全面中断，体现了旅游业的脆弱性。除此之外，入境旅游的行业链条具有复杂性与非弹性的特点，入境旅游覆盖交通、住宿、餐饮、景区、零售等多个环节，其复杂的产业链条使得任何一个环节的断裂都会产生连锁效应。此外，酒店、交通工具等基础设施的建设周期较长，难以及时适应需求的变化。

疫情期间，各国政府为遏制病毒传播，纷纷实施严格的边境管控策略。国际航班数量锐减，大量航线停飞或削减班次，跨国交通网络遭受重创，这直接切断了外国游客来华的主要通道。同时，各国签证审批流程普遍变得冗长复杂，审批效率大幅降低，部分使领馆甚至暂停或收缩签证业务范围。我国也实施了严格的入境签证政策与隔离要求，包括核酸检测、集中隔离等措

施，虽然有效防控了疫情输入，但客观上增加了外国游客入境的时间成本、经济成本与不确定性。烦琐的手续与高额的费用支出使得许多外国游客望而却步，转向其他签证政策宽松、入境手续简便的国家或地区作为旅游替代选择。

入境旅游还具有高度敏感性，在受到突发事件冲击时相较于国内旅游具有更大的不稳定性，所以入境旅游就更容易受到更多外部冲击的影响，其波动也就更加复杂。入境旅游直接受目的地国家及游客来源国的政策调控影响，特别是在签证、边检及税收政策方面。签证审批流程的简化或免签政策的实施，通常能迅速提升游客流量，而签证限制的加强则会显著抑制旅游需求。疫情期间针对入境旅客的核酸检测、隔离要求等政策调整，直接降低了游客出行意愿。游客的决策受到媒体和舆论的显著影响，目的地的安全形象或服务口碑一旦受损，入境旅游需求将快速下降。例如，恐怖袭击或游客不愉快经历的广泛报道可能造成目的地形象的显著贬值。大型国际活动（如奥运会、世博会）和目的地的成功营销能迅速提升目的地的全球知名度和吸引力。入境旅游对国际市场供需波动表现出较强的敏感性。例如，航班运力的调整、旅游旺季的到来或出境游客主要来源国的经济条件变化，都会直接影响目的地的入境游客量。

入境旅游的高脆弱性与高敏感性特征往往彼此交织，形成强化效应。外部冲击（如突发灾害）可能通过游客感知风险的敏感性进一步放大其对旅游市场的影响。一场突如其来的恐怖袭击可能既破坏目的地的基础设施（脆弱性特征），又通过媒体报道迅速降低目的地吸引力（敏感性特征）。防疫政策的收紧不仅直接限制游客流动（敏感性特征），还可能通过降低国际航班数量进一步加剧旅游市场的不确定性（脆弱性特征）。

（二）经济形势与消费能力：需求端的动力衰减

旅游业因具有高度关联性和复杂性等特点，更容易受到经济政策不确定性的影响。研究发现，严峻复杂的国际政治经济形势和新冠疫情等突发事件使得全球旅游不确定性明显增加，相较于国内旅游，具有高成本、高风险特征的国际旅游受经济政策不确定性的影响更为显著①。可支配收入、时间偏好、旅行预算等游客个人特征是影响其旅游决策的主要决定因素②。国际旅游是一个国家或地区达到一定的发展水平时公民行为的客观反映。通常而言，入境旅游是随着 GDP 的增长而增长的，但也会受到如经济政策、收入、汇率、贸易等因素影响。若宏观经济增速以及居民收入不及预期，将影响居民的消费意愿，进而对出行市场造成影响。此外，国家间频繁的汇率波动也会影响跨境旅游消费者对于出行成本的预期。

联合国经济和社会事务部在 2024 年年初的《2024 年世界经济形势与展望》报告中明确指出：在风险和不确定性挥之不去的背景下，全球国内生产总值增长预计将从 2023 年的 2.7% 放缓至 2024 年的 2.4%。预计 2025 年增长率将温和改善至 2.7%，但仍将低于疫情前的 3.0% 的趋势增长率。虽然世界经济在 2023 年避免了最糟糕的衰退情况，但长期低增长的阴影依然存在。世界银行（WB）在 2024 年 6 月主题为"增长趋于稳定，但增速疲软"的展望报告中认为，"尽管全球经济近期前景有所改善，但按历史标准来看仍显低迷"。"2024—2025 年，近 60% 经济体（占全球人口的 80% 以上）的增长率将低于 21 世纪第二个十年的平均水平"。"全球前景面临的风险由下行风险主导，包括地缘政治紧张、贸易碎片化、长期高利率以及气候相关灾害"。国际货币基金组织（IMF）也在 2024 年 7 月的展望中指出"服务业通胀持续，全球经济增速基本保持不变"，认为"世界经济在 2024 年和 2025 年将继续以 3.2% 的速度增长，与 2023 年的增速相同"，"五年后全球经济增速的预测值为 3.1%，处于几十年来的最低水平"。研究表明全球经济政策不确定性与我国经济政策不确定性对我国入境旅游收入和流量均独立存在负面影响，且前

---

① Nguyen C P, Thanh S D, Nguyen B. Economic uncertainty and tourism consumption［J］. Tourism Economics，2022，28（4）：920.

② 张振家. 新形势下我国旅游服务贸易出口竞争力研究［J］. 社会科学家，2023（1）：35.

者更显著[①]。

可支配收入是影响旅游活动的重要因素，特别是具有高成本特征的入境旅游。全球经济因疫情陷入严重衰退，各国失业率攀升，居民收入缩水，家庭可支配资金大幅减少。在这种经济重压之下，旅游作为一种非必需性消费，首当其冲成为被削减的对象。外国游客的旅游预算被大幅压缩，跨国长途旅游的需求急剧下降，他们更倾向于将有限资金用于满足基本生活需求或选择在本国及周边地区进行短途、低成本旅行，从而导致我国入境旅游市场客源流失严重。

（三）安全与健康担忧：心理层面的恐惧屏障

新冠病毒的高传染性与高致病性引发了全球范围内的健康恐慌。外国游客对在旅行过程中感染病毒的风险极度担忧，不仅关心自身健康问题，还担心将病毒带回本国，引发家庭与社会层面的传播危机。此外，部分国家媒体对疫情的片面报道或信息误导，使得外国游客对我国疫情防控成效及整体安全状况产生误解与偏见，进一步强化了他们对来华旅游的恐惧心理，成为阻碍入境旅游复苏的重要心理障碍。

（四）旅游市场信心受挫：产业生态的系统性冲击

疫情的肆虐给全球旅游企业带来了毁灭性打击，旅行社、酒店、景区等旅游相关产业面临订单取消、资金链断裂、经营难以为继等困境，大量企业倒闭破产，旅游市场供给能力严重受损。旅游产品与服务的创新停滞，质量下滑，多样性与丰富性大打折扣。同时，旅游宣传推广活动受限，国际旅游交流与合作受阻，我国旅游资源与产品在国际市场的曝光度与知名度降低，无法有效激发外国游客的兴趣与旅游意愿，旅游市场整体信心遭受重创，难以在短期内恢复至疫情前水平。

---

① 王娟，魏荣杰.经济政策不确定性对我国入境旅游的影响及时变效应［J］.技术经济与管理研究，2024（10）：134.

（五）国际关系状况：地缘政治的外溢效应

国际关系的复杂性在疫情背景下对我国入境旅游产生了不可忽视的影响。受俄乌战争、巴以冲突、美国大选等一系列国际事件及潜在政局变化影响，国际政治局势持续动荡仍是影响入境旅游市场恢复的最主要的消极因素。大国之间的利益博弈及互联网上具有某种政治导向的报道也在一定程度上对中国旅游目的地形象构成负面影响。此外，签证政策、航线开通等方面的外交博弈与政治干预，也在一定程度上限制了国际游客的自由流动，为我国入境旅游的复苏增添了外部阻力。国际地缘政治带来的不确定性、部分海外民众对华抱有负面认知和中国入境签证流程烦琐等因素叠加，都成为入境旅游业务推进的拦路虎[①]。

综上所述，新冠疫情通过多维度、深层次的影响机制，对我国入境旅游造成了持久而深远的冲击。深入理解这些影响因素及其内在逻辑关系，对于制定科学合理的旅游业复苏战略与政策措施，重塑我国入境旅游的竞争力与吸引力，具有极为重要的理论与现实意义。

三、后疫情时代我国入境旅游的相关政策

入境旅游作为我国现代旅游服务业体系化发展的起点，是衡量我国旅游竞争力水平的重要标尺。当前，推动入境旅游振兴，促进入境旅游高质量发展是建设旅游强国的题中之义。后疫情时代我国政府多措并举提升入境旅游便利化，与入境旅游相关的签证、免税、航权、边检等便利化政策正在协调推进，为国际旅游发展提供有力的政策保障。2023 年 9 月 27 日，国务院办公厅印发的《关于释放旅游消费潜力推动旅游业高质量发展的若干措施》专设了"加强入境旅游工作"部分，从"实施入境旅游促进计划""优化签证和通关政策""恢复和增加国际航班""完善入境旅游服务""优化离境退税服

---

① 韵江，易慧玲，等.断裂、变革与创造：入境旅游恢复与发展中的企业响应［J］.旅游学刊，2024（4）：7.

务""发挥旅游贸易载体作用"等方面进行了系统部署。

（一）推进入境签证便利化

Neumayer 较早关注到签证对跨境旅游的影响，基于全球 189 个国家及地区的双边数据集发现，签证限制平均减少了 52% 至 63% 的双边客流量[①]。Lawson 和 Roychoudhury 的研究也发现，双边限制减少约 70% 的入境旅客量[②]。免签政策在不同程度上促进了美国[③]、土耳其[④⑤⑥]、以色列[⑦]、日本[⑧]等国家的入境旅游。宽松签证政策可以促进入境旅游发展，过境免签政策对城市入境旅游人数和外汇收入均有促进效应，而且对于旅游资源、服务接待能力、地区经济活力、目的地品牌和货物贸易水平等基础性或配套性条件不足的城市尤为重要[⑨]。中国较为严格的入境签证审核一直是入境旅游市场主要的发展限制因素之一。中国地大物博，自然风光和人文景观都非常丰富，如何在优质旅游资源的基础上，提高入境游客在华停留时间，增加过夜天数，是刺激入境旅游消费，促进高质量发展的重要环节。2023 年以来，中国政府持续优化外国人来华签证办理体验，同时发布向多个国家试行免签等多项利好政策。

---

① Neumayer E. Visa restrictions and bilateral travel［J］. The Professional Geographer，2010，62（2）：171.

② Lawson R A，Roychoudhury S. Do travel visa requirements impede tourist travel？［J］. Journal of Economics and Finance，2016，40（4）：817.

③ Hux E. Economic benefits associated with the visa waiver program—A difference-in-difference approach［J］. Global Journal of Business Research，2013，7（1）：81.

④ Balli F，Balli H O，Cebeci K. Impacts of exported Turkish soap operas and visa-free entry on inbound tourism to Turkey［J］. Tourism Management，2013，37：186.

⑤ Karamanas M. The pernicious impact of visa restrictions on inbound tourism：The case of Turkey［J］. Turkish Studies，2016，17（3）：502.

⑥ Kuzey C，Karamanas M，Akman E. Elucidating the impact of visa regimes：A decision tree analysis［J］. Tourism Management Perspectives，2019，29：148.

⑦ Beenstock M，Felsenstein D，Rubin Z. Visa waivers，multilateral resistance and international tourism：Some evidence from Israel［J］. Letters in Spatial and Resource Sciences，2015，8（3）：357.

⑧ Goto T，Akai N. Benefit and cost of visa relaxation—Empirical analysis on the impact of visa waiver［EB/OL］. http://www2.econ.osaka-u.ac.jp/library/global/dp/1710.pdf，2022-03-19.

⑨ 张应武，郑雪梅.过境免签政策的入境旅游效应及其内在机制——以中国57个主要旅游城市为例［J］.旅游学刊，2023，38（8）：134.

自 2023 年 3 月 15 日起，我国恢复各类入境签证申请，恢复口岸签证、海南入境免签、上海邮轮免签、港澳地区外国人组团入境广东免签和东盟旅游团入境广西桂林免签等，标志着入境旅游在疫情三年之后全面重启。具体如表 3-1 所示。

表 3-1　2023 年以来中国出台的各项外国人来华便利化政策

颁布时间	相关细则
2023 年 3 月 15 日	（1）对来华外国人持 2020 年 3 月 28 日前签发且仍在有效期内签证的，准予入境。（2）恢复海南入境免签、上海邮轮免签、港澳地区外国人组团入境广东免签、东盟旅游团入境广西桂林免签政策
2023 年 7 月 24 日	自 2023 年 7 月 26 日起，中国恢复对新加坡、文莱公民单方面免签政策
2023 年 9 月	自 2023 年 10 月 1 日起，中俄两国正式实施团体互免签证政策，持有有效护照和旅行社出具的邀请函的中国公民和俄罗斯公民，可以在对方国家停留 15 天以内，每年最多不超过 90 天
2023 年 11 月 3 日	自 2023 年 11 月 10 日起，中国和哈萨克斯坦公民双方持普通护照人员可免签入境对方国家停留不超过 30 日
2023 年 11 月 17 日	自 2023 年 11 月 17 日起，我国对挪威公民实施 72/144 小时过境免签政策。至此，中国 72/144 小时过境免签政策适用国家范围增至 54 国。中国长沙、哈尔滨、桂林等 3 个城市实施 72 小时过境免签政策，北京、天津、石家庄、秦皇岛、上海、南京、杭州、宁波、广州、深圳、揭阳、沈阳、大连、青岛、重庆、成都、西安、厦门、武汉、昆明 20 个城市实施 144 小时过境免签政策
2023 年 11 月 24 日	2023 年 12 月 1 日至 2024 年 11 月 30 日期间，中国对法国、德国、意大利、荷兰、西班牙、马来西亚 6 个国家持普通护照人员试行单方面免签政策
2024 年 1 月 25 日	自 2024 年 2 月 9 日起，中国和新加坡双方持普通护照人员可免签入境对方国家停留不超过 30 日
2024 年 1 月 28 日	自 2024 年 3 月 1 日起，中国和泰国双方持普通护照人员可免签入境对方国家停留不超过 30 日
2024 年 3 月 14 日	2024 年 3 月 14 日至 11 月 30 日期间，中国将对瑞士、爱尔兰、匈牙利、奥地利、比利时、卢森堡 6 个国家持普通护照人员试行免签政策
2024 年 5 月 6 日	自 2024 年 5 月 28 日起，中国和格鲁吉亚双方持普通护照人员可免签入境对方国家停留不超过 30 日

续表

颁布时间	相关细则
2024 年 5 月 7 日	中方决定延长对法国、德国、意大利、荷兰、西班牙、马来西亚、瑞士、爱尔兰、匈牙利、奥地利、比利时、卢森堡 12 个国家免签政策至 2025 年 12 月 31 日
2024 年 5 月 15 日	乘坐邮轮并经由境内旅行社组织接待的外国旅游团（2 人及以上），可从天津、辽宁大连、上海、江苏连云港、浙江温州和舟山、福建厦门、山东青岛、广东广州和深圳、广西北海、海南海口和三亚等 13 个城市的邮轮口岸免办签证整团入境，旅游团须随同一邮轮前往下一港，直至本次邮轮出境，在中国境内停留不超过 15 天，活动范围为沿海省（自治区、直辖市）和北京市
2024 年 6 月 20 日	马来西亚公民访华免签从原本的 15 天延长至 30 天
2024 年 6 月 25 日	2024 年 7 月 1 日至 2025 年 12 月 31 日期间，对新西兰、澳大利亚、波兰 3 个国家持普通护照人员试行免签政策，上述国家持普通护照人员来华经商、旅游观光、探亲访友和过境不超过 15 天，可免签入境
2024 年 7 月 15 日	在河南郑州航空口岸实施 144 小时过境免签政策，停留范围为河南省行政区域。将云南省 144 小时过境免签政策停留范围由昆明市扩大至昆明、丽江、玉溪、普洱、楚雄、大理、西双版纳、红河、文山 9 个市（州）行政区域。此外，新增郑州新郑国际机场、丽江三义国际机场和磨憨铁路口岸 3 个口岸为 144 小时过境免签政策适用口岸

注：数据统计截至 2024 年 7 月。

　　当前，我国采取了前所未有的入境签证便利化政策，并逐步扩大。一是单方面免签政策。分别在 2023 年 12 月、2024 年 3 月中旬和 6 月底逐步扩大了单方面免签国家范围。截至 2024 年 7 月，我国对 16 个国家实行单方面免签入境政策，加上与我国全面互免签证的 23 个国家，这意味着近 40 个国家的公民可持普通护照免签来华。并延长免签停留期限，免签停留期限从 15 天延长至 30 天，进一步便利了外国游客的短期访问。

　　二是互免签证政策。截至 2024 年 7 月，中国已与 23 个国家达成全面互免签证协定，包括泰国、新加坡、马尔代夫、哈萨克斯坦、阿联酋、白俄罗斯等。缔结互免签证协定的两国公民，持协定规定的有效护照或国际旅行证件，可在对方国家享有通常为 30 天的免签证停留。若停留时间超过 30 天，或在当地学习、居住、工作等，则需在入境前向对方签证机关或主管部门提出申请。

三是实行 72/144 小时过境免签。在疫情后，中国的 72 小时过境免签政策逐步恢复并有所扩展。截至 2024 年 7 月，位于 19 个省（自治区、直辖市）的 41 个对外开放口岸，对 54 个国家人员实施 72 小时或 144 小时过境免签政策。符合条件的外国人可向特定城市的边防机关提出办理 72 小时过境免签申请。此外我国还对 54 个国家实行 144 过境免签政策，扣除其中已享受免签入境的 23 个国家，有 31 个国家的公民可以持普通护照通过该政策免签进入规定的区域。

四是邮轮免签。2024 年 5 月 15 日起，乘坐邮轮来华并经由境内旅行社组织接待的外国旅游团可从我国沿海 13 个邮轮口岸免签入境。在继 2023 年 10 月开始实施港澳地区外国人组团入境广东（10 个城市）144 小时免签政策后，2024 年 7 月底开始，这一政策的适用范围扩展到海南省。中旅旅行在邮轮接待方面提前布局，与全球头部的邮轮运营商做了深度合作。作为途易邮轮全球供应商之一，中旅旅行承接了途易集团 2024 年 "赫伯罗伊特欧罗巴号" 和 "迈西夫五号" 全部亚洲航次在中国内地和中国香港停靠期间的岸上游览接待服务，将累计服务超 1 万人次，这是中国入境旅游业务复苏以来规模最大的入境系列团。邮轮免签政策的出台，将有效地增加国际邮轮停靠中国港口的航次，同时也为上岸游览提供了更多的可能性。特别是北京市作为非港口城市，也被列入了免签目的地城市，有利于邮轮乘客选择北京作为上岸旅行的目的地。2024 年 3 月，在上海停靠的一艘欧洲邮轮上，就有 350 名游客选择高铁 "特种兵式" 的两天一夜往返北京上海，参观了长城和天坛，客户和游客都给予了极高的评价。目前，各个港口都出台了一系列的奖励政策，在地入境旅游企业也推出了相应的一日游和半日游产品，以推动入境邮轮业的飞速发展。

五是简化签证办理流程，取消签证预约制度，进一步扩大免采指纹范围，简化签证申请表，降低签证费价格。2023 年 12 月 11 日至 2024 年 12 月 31 日，中国驻外使领馆按现行收费标准的 75% 收取来华签证费。研究表明过境免签政策的入境旅游效应更多地来自成本效应。究其原因，极有可能是免签导致游客旅行成本降低，吸引了不同层次消费能力的游客过境①。为此，我国政府还在全国入境量较大的 77 个城市 99 个对外开放口岸开展口岸签证业务，为急需来华从事商贸合作、访问交流、投资创业、探望亲属等非外交公务活动的外籍人员提供便利。对于符合条件的外国游客，允许其在免签停留期限到期后申请延长停留期限。

免签政策激发了外籍人员的来华热情，旅游平台"中国"相关搜索量显著增加。2023 年 11 月 24 日，外交部宣布对法国、德国、意大利、荷兰、西班牙、马来西亚 6 个国家持普通护照人员试行单方面免签政策后，据同程旅行数据显示，截至当日 18 点，入境机票搜索量环比上涨 12%。其中，由马来西亚入境的机票搜索量环比上涨 300%，法国、德国、意大利、荷兰、西班牙入境机票搜索量环比上涨约 100%。据携程国际平台 Trip.com 披露的数据，中方把新西兰纳入单方面免签国家范围的讯息公布半小时后，各平台上新西兰游客搜索中国相关关键词热度环比增长 65%。我国将澳大利亚与波兰纳入单方面免签国家后，平台上关键词热度环比增长 80% 与 40%。

自 2023 年以来，中国逐步扩大了免签国家名单，与多国缔结互免签证协定，并对部分国家试行单方面免签政策，对入境旅游的促进效果显著。据央视网援引的国家移民管理局数据，2024 年 1 月 1 日至 5 月 31 日，全国口岸累计入境外国人 1200.9 万人次，其中，免签入境 701.4 万人次，日均 7.9 万人次，较 2023 年同比增长 1.9 倍。2024 年三季度，中国各口岸入境外国人人数同比上升 48.8%。其中，通过免签入境同比上升 78.6%。2024 年前三季度，经北京口岸免签入境外国人 58 万人次，同比增长 6 倍。江苏口岸外国人免签入境人数比 2023 年同期增长 15 倍。过境免签政策的实施不仅增加了入境游客数量，还提高了旅游外汇收入。根据携程网的数据，2024 年 1 月至 10 月，单方

---

① 张应武，郑雪梅.过境免签政策的入境旅游效应及其内在机制——以中国57个主要旅游城市为例[J].旅游学刊，2023，38（8）：134–147.

面免签国家游客已占中国入境旅游订单总量的近三成。免签政策提高了入境旅游游客的复购率，是入境旅游最可喜的变化。外国游客中的"回头客"越来越多，从入境机票订单来看，将近四分之一的入境游客 2024 年两次及以上来到过中国。

中国在后疫情时代逐步恢复并扩大入境签证和免签政策，显示出对国际旅游市场复苏的重视。通过简化签证申请流程和恢复口岸签证等措施，降低了外国游客的入境门槛。通过对邮轮游客实施免签政策，积极推动特定旅游形式的发展。中国在后疫情时代的入境旅游签证政策呈现出灵活性和开放性的特点。同时免签政策成为外国游客来华的"流量密码"，方便他们开启一场"说走就走"的中国行。随着国际航线恢复、入境便利度进一步提升以及各旅游目的地市场主体的积极推广等，我国入境旅游市场发展态势有望持续向好，有望吸引更多国际游客，促进旅游业的复苏和经济发展。

（二）取消涉外酒店资质要求，加大对住宿业的相关培训

早在 1988 年开始执行的《中华人民共和国评定旅游（涉外）饭店星级的规定》中就明确提及，所有新建饭店必须获得旅游（涉外）营业许可证和预备星级，方能进行涉外营业。后续为了迎接外国客源，各地逐步放宽了对涉外酒店的限制。针对疫后境外游客增加而住宿不便的问题，2024 年 5 月公安部等部门已经提出要求：旅馆业不得以无涉外资质为由拒绝接待境外人员。2024 年 7 月，商务部等 7 个部门联合印发《关于服务高水平对外开放便利境外人员住宿若干措施的通知》，便利境外人员住宿登记，改善境外人员住宿体验。商务部指导中国饭店协会发布《关于便利外籍人员来华住宿服务的倡议书》，提出协调网络运营平台开设酒店英语等系列课程，免费为入驻平台的住宿经营者提供登记入住、预订客房等酒店英语培训，帮助住宿业从业人员提升外语水平等，推动住宿企业为来华在华外籍人士提供更多便利，公安部着力部署全国公安机关进一步优化旅馆业境外人员住宿登记管理服务工作，便利境外人员住宿登记。

（三）支付方式愈加多元便利，入境难点卡点逐步打通

针对国内移动支付普及，而外国游客消费习惯差异较大、水土不服等问题，各部门相继出台相关政策，优化入境旅游的支付环境。2023 年 7 月，微信和支付宝相继宣布全面开放绑定 Visa、Mastercard 等主流境外卡，并升级相关服务。2024 年 3 月 1 日，国务院办公厅举行国务院政策例行吹风会，一是针对来华人员使用支付宝、微信绑定境外银行卡成功率低的问题，要求、指导支付宝、财付通优化业务流程，提高绑卡效率。二是简化身份验证安排，使外籍来华人员在绑卡等一系列过程中更便捷。三是指导支付宝、财付通等主要支付机构将外籍来华人员使用移动支付的单笔交易限额由 1000 美元提高到 5000 美元、年累计交易限额由 1 万美元提高到 5 万美元。2024 年 3 月 7 日国务院办公厅发布《关于进一步优化支付服务提升支付便利性的意见》，总原则是"大额刷卡、小额扫码、现金兜底"。一是改善银行卡受理环境，不断提升老年人、外籍来华人员等群体使用银行卡的便利性，支持公共事业缴费、医疗、旅游景区、商场等便民场景使用银行卡支付。二是优化现金使用环境，督促经营主体依法依规保障现金支付，引导经营主体特别是交通、购物、餐饮、文娱、旅游、住宿等民生、涉外领域主体，公开承诺可收取现金，做好零钱备付，满足现金使用需求，提升日常消费领域现金收付能力。银行要主动推出标准化、多样化的人民币现金"零钱包"产品。三是提升移动支付便利性，银行、支付机构和清算机构要加强合作，在风险可控的前提下，持续完善移动支付服务，优化业务流程，丰富产品功能，扩大受理范围，充分考虑老年人、外籍来华人员等群体需求，做好适老化、国际化等服务安排，提升移动支付各环节的友好度和便利性。2024 年 4 月 3 日，中国人民银行、文化和旅游部、国家外汇管理局、国家文物局联合发布《关于进一步优化重点文旅场所支付服务　提升支付便利性的通知》，要求三星级及以上旅游饭店、国家 5A 级和 4A 级旅游景区、国家和省级旅游度假区、国家级旅游休闲街区要实现境内外银行卡受理全覆盖。重点文旅场所相关经营主体应保留人工售

票窗口，支持现金支付，保障消费者支付选择权。积极推进在外籍来华人员较多的文旅场所布设外币兑换业务网点，提升外币兑换服务水平。持续完善移动支付服务，优化业务流程，丰富产品功能，提升文旅场所线上、线下场景移动支付便利化。随着一系列支付便利化政策的实施，入境旅客的支付方式将更加多元便利。

在中国人民银行指导下，支付宝、财付通与商业银行、清算机构、卡组织共同努力，一方面推动"外卡内绑"，境外银行卡可绑定支付宝或微信支付在国内商户消费，另一方面支持"外包内用"，外籍来华人员使用境外钱包 App 即可在境内支付。2024 年上半年，入境游客使用支付宝消费金额同比增长 8 倍；使用支付宝做国际游客生意的中国商家数量同比增长了 3 倍。自2024 年 11 月 6 日开始，外籍赴华人员下载支付宝或微信手机应用，绑定境外发行的银联卡，将可以在中国境内正常使用扫码支付。中国银联全资子公司银联国际于 11 月 6 日宣布，境外发行的银联卡已全面支持绑定支付宝。同时，在中国工商银行支持下，微信支付也已开通支持该服务。报道称，目前，中国境外已有 83 个国家和地区发行超过 2.5 亿张银联卡，这些卡片可在 183 个国家和地区跨境通用。

（四）上网通信便利化

在国家利好政策的推动下，由工信部牵头，三大移动电信运营商都在推出适应入境游客的上网卡，且在中国人民银行的推动下，正在研发与银行卡、数字货币共同绑定的超级 SIM 卡，为入境游客提供更多的方便。同时国家也在探讨入境游客的远程上网卡激活，e-SIM 卡登录境外网站和使用境外 App的解决方案，让更多的入境游客享受中国 5G 高速上网通道，随时分享在中国的所见所闻，随时参与到每一个中国公民习以为常的消费场景当中，如滴滴打车、共享单车、美团外卖、猫眼订票等，大幅度地促进入境旅游的在地消费，助力当地的经济发展。

中旅旅行作为行业的龙头企业，代表行业加强与支付和上网两个流量通道的战略合作，与中国银行、工商银行、中国移动、中国联通等央企强强联合，共同研发适合入境游客的支付上网产品，同时提供符合客户需求的产品，促进入境游客的二次消费。中旅旅行所属境外签证中心，响应国家推动入境旅游高质量发展规划的要求，利用对客窗口优势，在客流量较大的越南、韩国、日本等签证中心开设"入境旅游一站式服务柜台"，销售移动、联通、电信三大运营商专为外国游客开发的流量卡。游客使用该流量卡可在中国境内登录国外常用社交软件，有效解决了入境旅游通信痛点问题。同时，柜台还摆放入境旅游产品并由工作人员主动向申请人推销，争取成交机会，打破传统入境旅游获客模式，强化签证中心的入境旅游引流功能。

（五）推动航空业实现稳健复苏和高质量发展

2022 年 12 月 28 日，我国民航局发布通知，自 2023 年 1 月 8 日起不再对国际客运航班实施"五个一"和"一国一策"等调控措施，中外航空公司按照双边运输协定安排运营定期客运航班，实现航班安排自主化。逐步恢复受理中外航空公司国际客运包机申请，2023 年夏秋航季完全恢复至疫情前流程及要求；按照疫情前流程恢复受理入境公务机申请。优化各口岸机场入境航班保障流程，取消"四指定、四固定、两集中"等防控要求，充分释放保障资源，提升接收国际航班的保障能力，优化入境航班保障流程。取消客座率及风险航班限制，不再定义入境高风险航班，取消入境航班涉及机场相关入境保障人员、国内和国际机组闭环管理、入境核酸检测和入境隔离等措施。加强对中外航空公司国际客运航线航班运营的安全监管，筑牢安全底线；加强国际航空运输价格管理，会同市场监管部门加强对国际航空运输价格不正当竞争行为的监督检查，维护航空运输市场正常价格秩序。

政策的调整预示着我国在疫后积极推动国际交流合作的新要求。国际航班的增加、入境政策的放宽，有利于促进国际贸易、旅游、文化交流等活动的开展，加强我国与世界各国的联系，提升经济全球化背景下的国际合作水平。政策的调整也反映出对航空市场需求回暖的预期和信心。随着国内外疫情形势好转、经济社会活动逐步恢复，人们的出行需求将逐渐释放。推出的优惠措施如燃油附加费的调整等，能够降低旅客的出行成本，进一步刺激市场需求，提升航空业的市场活跃度，推动行业经济复苏。

（六）落实购物退税政策，探索购物便利化措施

参考国际经验，随着入境旅游快速恢复，旅游零售需求相应提升。目前我国市内免税店分为两种：国人归国市内免税店、境外人员离境市内免税店。"中出服"主要经营国人归国市内免税店，"中国中免"主营境外人员离境市内免税店。2023 年，中国中免发布公告以非公开协议方式出资人民币 12.28 亿元参与中出服增资，交易完成后，中国中免持有中出服 49% 股权。2020 年 6 月，王府井发布公告宣布获得财政部授予的免税品经营资质，成为我国第三个拥有市内免税牌照的企业。

2024 年 10 月 28 日，为了更好地贯彻落实《中华人民共和国关税法》，海关总署对《中华人民共和国海关关于转关货物监管办法》等 33 部规章进行了修改。非居民长期旅客取得境内长期居留证件后，首次申报进境的自用物品海关依法予以免税。对非居民长期旅客进境自用物品的征税进行确定，不再依赖于固定的商品清单。这一变化体现了海关政策的灵活性和对现行法律的遵循。对于那些因旅游、商务等目的频繁往来中国的非居民旅客来说，这一政策调整可能会使他们感受到中国在海关政策方面的灵活性和友好性，从而在一定程度上提升中国作为旅游目的地的吸引力，有助于促进入境旅游市场的发展。非居民长期旅客在境内居留期间，可能会有亲朋好友前来探访，他们在入境时携带自用物品的便利性增加，可能会带动相关旅游消费，如购买更多的旅游纪念品、礼品等，对促进当地旅游经济有一定的积极作用。政策的灵活性和便利化可以减少非居民长期旅客及其访客在海关通关时的时间和精力消耗，使他们能够更快速地进入中国境内，开启旅游行程，从而提升整体的旅游体验，有助于树立中国良好的旅游形象。

（七）其他探索

疫情以来，国内入境旅游营销行动取得了良好的效果。例如，在当代全球化与数字化交融的背景下，文化和旅游领域的国际推广策略呈现出多元创新的态势。2022 年 9 月，在文化和旅游部引领下开展的"海外中国旅游文化周"活动，以互联网为依托实现全球范围内的联动传播。此活动秉持精准传播理念，于前期深入探究目标地区民众的兴趣偏好与实际需求，进而依据不同网络平台的特性，包括内容适配性与投放规则，有针对性地向海外公众推出系列专题数字展览。外籍主播的引入进一步增强了传播的真实感与亲和力，使海外观众得以沉浸式领略中国城市兼具深厚历史底蕴与现代蓬勃活力的独特风貌。借助数字技术与网络平台的强大赋能，该活动在宣传覆盖范围、信息传播速度以及受众互动性等关键指标上均实现了质的飞跃，彰显出数字化传播在国际旅游文化推广中的巨大优势。

2022 年 11 月，苏州举办的"寻找苏州有缘人"网络事件营销活动在国际社交媒体平台 Instagram 和 Twitter 上成效斐然，达成超过 300 万的曝光量，精准触达超过 81 万名海外受众。此活动巧妙运用创意事件营销手段，以新颖有趣的活动形式、相对较低的资源投入，成功激发了海外用户的高度关注、积极分享与深度参与热情，为旅游目的地的国际推广提供了极具成本效益的范例，凸显了网络社交媒体在拓展入境旅游市场中的重要价值。

部分旅游目的地通过精心策划文旅融合节事活动，深度挖掘文化内涵，积极营造互动体验场景，以文化共鸣为纽带吸引国际游客，从而有效拓展入境旅游市场。例如，2023 年 10 月举办的"西安丝绸之路国际艺术节"，凭借其丰富的文化艺术资源与独特的丝绸之路文化主题，成功吸引了来自 90 余个国家和地区的艺术家亲临陕西，实地参观体验多处丝路文化主题景点。艺术家通过艺术创作这一跨文化交流的有力媒介，将陕西的丝路文化魅力传递给更广泛的外国游客群体，有力地推动了中外文化的深度交流互鉴、地域间的紧密互联互通以及"丝绸之路"旅游品牌在国际层面的合作共建与资源共享，充分展现了节事活动在塑造旅游目的地国际形象与促进文化旅游融合发展中的积极效能。

此外，部分地区采用线上线下协同互补的整合营销模式，取得了显著成效。以张家界为例，其在线下于湖南、香港等地，以及泰国、越南、阿联酋等境外多地举办专场推介会，全方位、多角度展示了张家界的历史文化精髓与丰富多元的旅游产品体系，强化了与目标市场的面对面沟通与互动。在线上，张家界与凤凰卫视、日本《和华》杂志、英国 Makeit China 公司等知名媒体及企业携手合作，借助 Facebook、Twitter 等国际主流社交平台展开持续且高频次的宣传推广，有效提升了境外市场的曝光度与知名度。湖南省文旅厅统计数据显示，张家界市在 2023 年前三季度入境旅游市场呈现强劲复苏态势，共接待入境游客 36.41 万人次，入境旅游收入达 8796.24 万美元。这一案例充分证明了线上线下相结合的营销模式在推动旅游目的地入境旅游市场恢复与发展过程中的有效性与可行性，为其他地区的旅游国际推广提供了可资借鉴的成功经验。

（八）小结

入境政策的持续优化在多方面对旅游业产生了深远且积极的影响。其一，从旅游市场规模拓展的维度而言，优化入境政策对挖掘旅游市场潜力功效显著，能够有效激发旅游者赴华旅游的主观能动性，为旅游业的蓬勃发展注入全新动力。诸如免签政策的落地以及签证停留时长的延展等举措，切实拓展了国际人员来华从事商务活动、留学深造以及探亲访友等多元化交流互动的可能性，极大丰富了国际交往的内涵与形式，有力促进了中外人员在多领域的深度交融与合作，从而带动旅游市场客流量与消费规模的双提升。其二，在旅游决策便利性的层面，随着信息技术的广泛渗透，预订平台服务体系日臻完备，加之短视频等新兴营销媒介的推波助澜，旅游者制订旅行计划的周期显著缩短。而签证便利化进程与这一发展态势相得益彰，有效契合了当下旅游市场快速决策的需求特征，极大简化了旅游者筹备出行的流程环节，降低了因签证环节烦琐可能导致的决策阻碍与心理成本，使得国际游客能够更加高效、便捷地规划来华行程，进一步提升了中国作为旅游目的地在国际市场上的吸引力与竞争力。其三，对旅游组织者与接待者的运营实践而言，入境政策优化有助于削减交易成本。在传统模式下，签证手续办理所耗费的时间成本以及与之相关的配套服务成本颇为可观，且复杂多变的签证政策易引发运营过程中的不确定性风险，对旅游企业的资源配置与业务拓展构成制约。而政策优化后，旅游相关企业在处理签证事务方面的负担得以减轻，能够将更多的人力、物力资源投入提升旅游产品品质与服务质量的核心业务环节，增强企业应对市场变化的灵活性与稳定性，进而推动整个旅游业链条的高效运转与协同发展，促进旅游业生态系统的健康可持续发展。

四、我国入境旅游的恢复与迅速发展

（一）规模

从宏观数据看，2024 年国内旅游人次和旅游收入已基本恢复到 2019 年水平，但入境旅游距离恢复到疫情前水平仍有较大空间。过去三十年，中国入境旅游市场规模整体处于上行阶段，也有所波动。入境旅游人数由 1993 年的 4153 万人次，增加到疫情前 2019 年的 14531 万人次。国家统计局发布的《中华人民共和国 2023 年国民经济和社会发展统计公报》显示，2023 年入境游客 8203 万人次，其中外国人 1378 万人次，香港、澳门和台湾同胞 6824 万人次。整体人数恢复至 2019 年的 56.45%，其中港澳台入境人数恢复率 60.16%，外国人入境人数恢复率 43.22%。旅行社外联与接待的游客人数分别恢复至 2019 年的 7.7% 和 14.2%，远低于整体的恢复速度，也反映出 2023 年主要接待的为商务客群。国家移民管理局统计，2023 年第一、第二、第三及第四季度的港澳台同胞及外籍人士出入境总人数分别恢复至 2019 年同期水平的 42%、65%、77% 及 86%。

2024 年，入境旅游市场继续稳步恢复。根据国家移民管理局的最新数据，

2024年上半年，全国移民管理机构查验中国港澳台居民和外国人出入境总人数恢复到2019年同期的92%，一、二季度的数据均超过2023年的各个季度，且二季度的表现均好于一季度。从北上广深四个一线城市最新的统计数据来看，2024年上半年，四个城市的入境游客接待规模较2019年同期平均恢复到70%以上，高于一季度的65%。其中，北京和深圳的恢复水平达80%，恢复步伐稳步加快。

在各项利好政策的刺激下，入境旅游市场正在加快恢复，据携程大住宿"数智酒店"发布的最新数据显示，2024年元旦假期携程平台入境旅游住宿热度比2019年同期增长200%以上。这一数据再次印证了入境旅游市场正在持续回暖并处于加速恢复中。

伴随国际航线不断恢复、入境便利度进一步提升、入境旅游供应链持续修复以及各级旅游目的地市场主体的积极推广，我国入境旅游市场发展前景较为乐观，中国旅游研究院发布的入境旅游预测报告预计，2024年外国人入境旅游市场有望恢复到2019年的八成，港澳台入境旅游市场将实现全面恢复。

（二）客源国与目的地

在疫情之前，亚洲地区一直是我国最重要的入境旅游客源市场。根据2019年的统计数据，在我国前20位入境旅游客源市场中，超过一半的地区／国家位于亚洲。不考虑我国的港澳台地区，在前十位外国客源市场中，除了俄罗斯和美国外均为亚洲国家。从历年的数据来看，虽然位居前十的部分客源市场位次有所变动，但其整体结构保持不变。与2018年相比，2019年，俄罗斯超过日本和美国，成为我国第四大外国客源市场。2019年，俄罗斯来华旅游人数达到272.3万人次，同比增长12.8%，是增长最快的主要客源市场。相比之下，加拿大、美国、德国、澳大利亚、蒙古国、菲律宾、日本来华旅游市场出现不同程度的下滑。其中，加拿大、美国、德国来华旅游下滑幅度较大，同比分别下降8.7%、3.1%和3.2%。主要客源国市场的增长变动情况直接受到国际政治经济局势的影响。具体而言，俄罗斯来华旅游市场的增长部分得益于中俄两国之间相对更加密切的政治关系。2019 年 6 月，正值中美贸易摩擦激化期间，习近平主席访问俄罗斯，中俄两国领导人决定将中俄关系提升为新时代全面战略协作伙伴关系。加拿大来华旅游市场的较大幅度下滑与中加两国关系恶化直接相关。中美贸易摩擦自 2018 年 3 月开启，对美国来华入境旅游的影响在 2019 年充分显现。随着 2019 年中美贸易摩擦的持续及两国关系的进一步紧张，美国来华旅游市场出现下滑。中美两国的大国关系同时影响到中国与亚太地区国家，如澳大利亚、蒙古国、菲律宾之间的政治关系，对其来华旅游市场同样产生一定负面影响。无论是入境过夜市场占比还是外国人入境旅游市场占比均保持持续上升趋势。

在 2010 年至 2019 年期间，从中国入境旅游市场的冷热点区域分布来看，韩国、日本、俄罗斯和美国被归类为热点区域。这些国家在入境旅游中表现出较高的热度，属于一类客源市场或"明星"市场。此外，蒙古国、新加坡和马来西亚被认定为次热点区域，作为二类客源市场，它们在入境旅游中也表现出一定的活力。相对而言，加拿大、澳大利亚、印度和泰国位于不显著区域，被视为三类客源市场或"瘦狗"市场。在此之中，英国、法国、德国和印度尼西亚则在不显著区域与次冷点区域间交替波动。在市场分类中，四类客源市场包括意大利、荷兰、葡萄牙、朝鲜、瑞士、瑞典和新西兰，这些国家主要处于次冷点或冷点区域，表现为"瘦狗"市场或初期发展中的市场。总体而言，中国入境旅游市场的主要客源国集中于东亚和东南亚地区，其中仅美国作为欧美国家代表位于热点区域。这些热点区域国家显示出高市场占有率，特别是在空间分布上，如日本、韩国、俄罗斯和美国，均属于高市场占有率的一级客源国。然而，欧洲的英国、法国和德国等国家在中国入境旅游市场中仍被视为低市场占有率的客源国。从整体来看，2010 年至 2019 年，中国入境旅游的主要客源国倾向于经济增长较快且抗风险能力较强的国家。这一趋势反映了经济发展水平对入境旅游市场活力的重要影响[①]。

---

① 李文媛.中国入境旅游如何实现高质量发展——基于中国入境旅游的客源结构分析［J］.大陆桥视野，2024（1）：32.

2022 年，随着入境隔离、签证政策的放宽，加之国际航班的持续恢复，入境旅游市场开始回暖。我国港澳台地区是主要客源市场，东南亚国家如泰国、马来西亚、菲律宾等的游客数量也有所增加。2023 年，入境旅游市场显著恢复，主要客源国包括韩国、日本、美国、德国、英国、法国、澳大利亚、加拿大、新加坡、马来西亚等。其中，东南亚国家的游客数量增长较快，成为入境旅游市场的重要组成部分。

2024 年入境旅游市场继续回升，主要客源国结构趋于多元化。总体来看，客源地仍以我国港澳台和短程亚洲国家为主，部分免签国游客增速较快。据 FlightAI 公布的数据，截至 5 月中旬，入境旅游的 TOP 客源地为中国台湾、中国香港、韩国、泰国、马来西亚、新加坡、日本、美国、澳大利亚、中国澳门。相较 2019 年，泰国、马来西亚、新加坡、越南、印度尼西亚、蒙古国、柬埔寨、哈萨克斯坦的旅客增长一倍以上。免签政策利好效应显著，携程数据显示，自 2024 年年初至 5 月初，法国、德国、意大利、荷兰、西班牙、马来西亚、瑞士、爱尔兰、匈牙利、奥地利、比利时、卢森堡 12 个免签国游客入境旅游的订单量同比增长 341%，其中，马来西亚入境旅游订单同比增长 485%，也是增幅最高的国家，德国、法国入境旅游订单同比分别增长 223%、273%。据国家移民管理局数据，2024 年上半年全国口岸免签入境外国人 854.2 万人次，占外国人入境总人数的 58%，同比增长 190.1%。除传统的欧美和东亚、东南亚市场外，来自中东、南亚和非洲的游客数量也有所增加。这与我国积极推进"一带一路"倡议，加强与相关国家的文化和旅游合作密切相关。

现阶段我国入境旅游客源地市场具体表现为：第一，东南亚及东亚客源市场预期表现最为正面。亚洲长久以来都是中国入境旅游的传统客源地及最大市场。近年来，随着"一带一路"倡议的不断推进、RCEP《区域全面经济伙伴关系协定》的完善以及杭州亚运会的成功举办，中国在亚洲的良好形象和影响力得到进一步巩固。据统计数据显示，在入境旅游人数最高的 10 个海外客源地中，亚洲地区国家占比高达 70%，日本、韩国、新加坡、马来西亚、泰国、菲律宾及印度尼西亚等位居前列。随着中国国际影响力在"一带一路"国家和地区的增强,东南亚、南亚、西亚等国仍具备较好的市场挖掘潜力。中新、中泰达成互免签证协定之后,新马泰游客来华旅游订单同比均实现大幅增长,这也为市场景气的拉升提供了充足的信心和动力。

第二,欧美整体市场景气恢复仍尚需时日,西欧呈现出积极复苏信号。受到俄乌战争、能源波动、经济滞胀等一系列问题的影响,欧洲及美洲各区域在 2023 年的三次调查结果中的整体景气指数均为负数。2023 年下半年,为进一步促进中外人员往来,中国政府决定对法国、德国、意大利、荷兰、西班牙、马来西亚 6 个国家持普通护照人员试行单方面 15 天免签政策。这一政策的出台大大提振了市场对西欧入境客源的增长信心,因此景气指数在一众欧美国家和地区中脱颖而出,实现转负为正并达到了近年来的最高点。

第三,其他地区总体入境需求仍然较为有限。受益于援非政策、"一带一路"以及 RCEP 协议的施行,非洲、南亚、中北亚、西亚及大洋洲等多地入境需求逐渐回升。

在目的地选择上,北京和上海入境游客约恢复至疫前八成。北京和上海等一线城市交通便捷、国际化程度较高,具备商旅和观光的双重属性,并承担着重要的集散功能,仍为我国入境旅游的重要目的地。2024 年上半年上海市接待入境游客 302 万人次,其中外国游客 220 万人次,分别恢复至 2019 年同期的 70% 和 80%;北京市接待入境过夜游客 147 万人次,其中外国游客 119 万人次,分别恢复至 2019 年同期的 81% 和 78%。旅游目的地热度更甚,张家界一枝独秀赶超疫情前。相比北京和上海等一线城市,部分旅游目的地游客增速更快。以海南省和张家界为例,截至 5 月,海南省接待的入境游客和入境外国游客分别恢复至 2019 年的 76% 和 88%。张家界在疫前就是韩国人非常青睐的旅游目的地,疫后湖南省文旅厅印发"引客入湘"旅游奖励,张家界市也频繁加大海外宣传推介,提升国际知名度和影响力。据湖南省文旅厅数据,张家界市 2024 年第一季度接待入境游客 26 万人次,比 2019 年第一季度增长 44.44%,入境客源地达 101 个国家和地区。据 Trip.com 公布的数据，2024 年 4—5 月外国游客入境张家界的订单量环比增长 255%，其中来自韩国旅客的订单量环比增长 217%。

得益于冰雪旅游产品火爆出圈，东北入境旅游预期涨幅明显。哈尔滨 2023 年年底的爆火并非偶然，其冰雪旅游产品在 40 年的发展历程中不断迭代升级，如今已成为拥有冰雪节庆、文化、体育等七大板块及百余项活动的综合目的地，带动该区域入境旅游爆发式增长，谷歌全球搜索热度一度达到最高值 100。与此同时，作为中国冬季旅游的标杆及宣传窗口，哈尔滨带动了东北其余区域的目的地知名度，并补足了 12 月—次年 1 月中国传统旅游淡季的产品缺口。借势哈尔滨爆火，中国政府也积极引导冰雪主题游延伸至东北各地，结合各大旅游目的地的产品差异实行联动互补，打造区域旅游标签，充分引流、借流并分流。未来如何能够延续东北旅游目的地的热度，保持对国际市场客源的吸引力仍至关重要。除设计新颖的特色项目外，当地接待体系的完善、国际化人才的吸引及因地制宜、融贯自然、人文及历史的多元化产品也仍将是保障入境旅游体验并实现入境旅游市场可持续发展的关键。

华东、华南领跑全国入境旅游市场，华东及华南地区为中国多年以来最主要的入境旅游目的地，依托上海、深圳、广州等对外交往的门户城市以及苏州、杭州、桂林等一众具有稀缺资源且配套完善的旅游城市，华东及华南地区 2024 年上半年入境旅游表现突出。华北、华中、西南和西北地区虽坐拥北京、成都等多个历史文化名城及世界知名景点，但其热门程度相较于入境旅游发展较早、国际化程度较高的华东及华南地区仍相对偏低。

（三）旅游消费情况

2024 年入境游客年龄分布发生较大变化。据携程数据，2024 年 3 月 15 日至 4 月 15 日，"90 后"和"80 后"群体合计占比超过 63%，"00 后"群体占比为 15%。"00 后"一举超越"60 后"和"70 后"，成为入境旅游市场中的第三大消费主力。与 2019 年同期相比，"00 后"群体的入境订单量增长近九成，预订金额增长 4 倍以上。男性游客入境数量高于女性游客，但差距逐年缩减，且女性游客消费能力增长速度赶超男性游客。从用户性别来看，2014 年至 2019 年，入境游客性别比例上男性游客一直领先于女性游客，但领先优势逐渐减小，2014 年男性游客占比 64.85%，到 2019 年下降到 58.67%。进入 2024 年以来，女性用户的预订金额则与男性用户拉开较大差距。据携程网数据，与 2019 年同期相比，女性入境旅游用户的预订金额增长 50%，男性用户预订金额增长 20%，反映出女性入境游客群体的消费能力不断提升。

五、国际入境旅游者的需求与偏好

随着全球疫情逐步缓解，各国间旅游往来恢复，中国入境旅游市场开始重新焕发活力。然而，与疫情前相比，国际入境旅游者的需求和偏好已发生转变。

（一）安全与健康需求成为首要考虑

疫情使全球旅行者对旅游目的地的安全与健康状况高度敏感，安全性和健康保障成为国际入境游客最关注的因素之一。入境游客更倾向于选择疫情防控表现良好的国家和地区。中国凭借高效的防疫体系和清晰的管理政策，为国际游客提供了信心。国际游客更希望目的地具备完善的医疗救助体系，包括紧急医疗服务、健康信息透明度和疫情监控能力。酒店、餐饮和公共场所的卫生条件是游客选择的重要参考因素。卫生认证、消毒流程和个人防护用品的供应直接影响游客体验。海南省在推广其国际旅游岛战略时，强调了其优质的医疗服务和健康管理体系。海南的博鳌乐城国际医疗旅游先行区通过引入国际标准的医院和诊所，成功吸引了希望在旅游期间享受医疗服务的国际游客。根据海南省旅游部门的数据，2022 年，健康旅游相关的游客人数同比增长了约 20%。由于疫情后人们对空间安全的关注，低密度、非传统旅游目的地成为新的偏好热点。如云南、贵州、江西的乡村，游客可以享受远离城市喧嚣的清新自然；西藏、新疆、甘肃等地以其独特的地理风貌和少数民族文化吸引了许多国际游客；海南国际旅游岛因其优越的气候、优美的自然环境成为国际游客的度假首选之一。

（二）对数字化与智能化服务高度依赖

疫情的推动使数字化和智能化服务成为国际旅游者的重要需求。游客倾向于选择支持线上预订、无接触支付的目的地和服务商。智能语音导览、虚拟现实（VR）展示和多语言支持的智能服务提升了游客的便利性。国际游客更希望通过数字平台实时了解目的地的疫情动态、景区开放情况和安全提示。许多入境旅客在抵达中国前就通过携程、飞猪等国际版旅游 App 预订好酒店、门票和交通工具，并在旅途中使用百度地图等导航软件进行出行指引。据统计，2024 年使用数字化服务平台完成旅游行程安排的入境游客比例达到了约80%。疫情后入境旅游的产业链发生了根本的变化，入境旅游的预订方式更加直接，去中介化的趋势明显。携程和美团等在线旅游平台在疫情期间及之后不断优化其技术平台，以适应国际游客的新需求。例如，携程推出了多语言支持的智能客服系统，并加强了与海外合作伙伴的联动，以提供更流畅的服务。2023 年第一季度，携程报告称其国际用户的在线预订量同比增长了约30%。

面对科技的不断进步与发展，所有的行业都要面临数字化转型的问题。入境旅游企业相对比较传统，思维模式和操作模式相对比较陈旧。无论是企业还是从业者，都应当充分利用互联网技术，加强对 AI 等高新技术的学习和理解。互联网技术不仅能够帮助入境旅游引入更多的流量，还可以给游客提供快捷便利的服务。AI 技术能够帮助入境旅游企业提高业务操作效率，并且在资源整合、对外报价、财务结算、24 小时客服和大数据分析等领域为入境旅游提供更多的支持和帮助。

（三）自然绿色与可持续旅游需求增强

疫情期间长时间居家隔离使人们渴望接触大自然，寻求心灵上的慰藉。因此，"绿色""生态"成为后疫情时代入境旅游产品的关键词汇。据携程网统计数据显示，2023 年上半年，前往云南丽江、四川九寨沟等地的外国游客数量同比增长了约 40%。这些地方以其独特的自然景观吸引了大量寻求放松心情、享受宁静生活的国际旅客。同时，参与当地特色农业活动、体验传统生活方式也成了一种新的潮流，如北京郊区的民宿体验项目就受到了不少欧美游客的喜爱。世界自然保护联盟（IUCN）报告显示，疫情后，67% 的游客表示更倾向于选择生态友好型旅游目的地。疫情唤起了人们对自然环境和可持续发展的关注，国际入境旅游者在选择旅游目的地时更加注重绿色与环保。国际游客倾向于参与可持续发展的旅游活动，如野生动物保护、森林徒步等。游客对使用新能源交通工具、环保酒店以及低碳饮食等绿色服务表现出强烈偏好。游客希望能体验到人与自然和谐共生的文化景观，如中国的梯田、湿地等人文与生态相结合的景区。

（四）个性化、小众化、高端化旅游需求上升

与疫情前大批量、标准化的旅行团相比，国际入境游客更青睐个性化和小众化的旅游方式。游客希望根据个人兴趣设计专属行程，如深度文化探索、地域美食体验等。受签证便利、需求变化、社交媒体信息传播等因素的影响，叠加全球经济增长放缓的影响，国际游客倾向于避开热门旅游目的地，选择前往人流较少或费用较低的替代性目的地，如自然风光、乡村生态旅游等，以避免拥挤和降低感染风险。生态探险、文化遗产游、温泉疗养等特定主题的旅游活动受到热捧。面对复杂多变的外部环境，越来越多的游客开始追求更加灵活自由的旅行安排。根据马蜂窝旅游网发布的《2023 年出境游趋势报告》显示，有 67% 的受访者表示愿意为获得专属定制服务支付额外费用。这意味着未来一段时间内，提供个性化线路规划、私人导游陪同等高端服务将成为旅行社竞争的关键点之一。国际游客对高品质、个性化和私密性更强的旅游体验表现出更高的需求。这种趋势在于游客希望避免人群密集的公共场所，从而更关注私人空间和高端服务。因此，高端定制旅游、小团体旅游和私人导览服务的需求显著增加。以上海为例，一些高端酒店和度假村的入住

率在疫情后的恢复速度明显快于普通酒店，这表明有一定消费能力的游客更愿意为安全和私密性支付溢价。

旅游是满足人类高级精神需求的存在，每个人的旅行需求都是个性化的，即使是同一家庭的不同人也会有不同的旅游项目选择。未来入境旅游市场需要根据不同消费者的画像，设计出具有针对性的产品线路，根据游客的年龄、性别、人群、兴趣爱好、消费能力等的不同提供不同的产品。个性化的产品设计也适用于入境会议奖励团和高端商务团，在传统的游览项目中加入更多的新奇体验和特别惊喜，能够给游客带来更加完美的感受和体验。

（五）文化深度游的偏好提升

疫情使许多人重新思考生活的意义和个人价值。在经历了长时间的旅行限制后，许多游客希望通过旅行获得更深刻的个人成长和文化理解。文化深度游提供了这样的机会，使游客能够更深入地接触不同的文化背景、传统和生活方式，满足其对意义和启迪的追求。疫情后，入境游客对浅层观光的兴趣下降，更倾向于深入了解中国文化和历史。手工艺制作、茶道表演、中医药体验等与中国传统文化相关的活动深受入境游客喜爱，游客对春节、端午节、中秋节等中国传统节日表现出浓厚兴趣，倾向于通过参与活动加深对文化的理解。长城、故宫、敦煌莫高窟等世界遗产吸引了大量游客，同时，游客对这些遗产的保护和展示形式也提出了更高要求。根据旅游市场调研机构的报告，2024 年选择文化体验深度游产品的入境游客比例较 2019 年提高了约 25%。

（六）决策更多受社交媒体的影响，散客化趋势明显

全球各国居民通过国外社交媒体对中国和中国旅游有了更深入的了解。近期，很多外国博主将"China Travel"视为流量入口，进一步助推我国入境旅游市场散客化、体验内容生活化、目的地"下沉"等趋势。客观上，也促使国内游客和入境游客的偏好更加趋同。当下新媒体成为海外游客收集目的

地信息的重要渠道，热度较高的旅游目的地通常曝光度也很高。

（七）去中介化和散客化趋势明显

2023 年，入境游客 8203 万人次，其中，外国人 1378 万人次，香港、澳门和台湾同胞 6824 万人次。内地居民出境旅游 8763 万人次。2023 年全国旅行社入境旅游外联 94.60 万人次、315.77 万人天，接待 260.52 万人次、823.84 万人天，入境旅游单项服务 532.64 万人次。上述两组数据都是官方数据，第一组由国家统计局发布，第二组由文化和旅游部发布，从数据中我们不难看出，将全国旅行社所有的外联、接待和单项服务加在一起，得出的通过旅行社组织的入境游客数量约占整体入境游客的 10.8%。而国内游的同比数据显示，通过旅行社组织的国内游才占总数 2% 左右。可见，通过旅行社组织的入境旅游的比例还是相对较高的。从远期来看，随着疫后游客消费习惯的改变和在线 OTA 业务的高速发展，游客消费将越来越理性，去中介化旅行的趋势将越来越明显。受免签、支付等入境便利化政策带动，加之国际游客对个性化、高品质体验的更高追求，以及社交媒体让广大海外民众对中国和中国旅游更加了解，入境旅游散客化的趋势愈加凸显。

入境旅游企业面对去中介化的趋势，应对的解决方案只有创新和变革。一方面要用新产品新线路维护传统入境批发商 10.8% 的市场，提高产品的性价比和体验度。另一方面要积极拥抱 AI 等各类新技术，为不愿参团的客人建立预订的链接，帮助他们提高旅行的便利性和愉悦性，发掘他们在华的二次消费。同时，入境旅游企业应当利用自身的语言优势和资源优势，提升产品价值，在未来的入境旅游市场中立于不败之地。针对散客，还需要不断创新设计出有特色的定制化产品或单项服务，快速反应，精准服务，出台不同的客单价，形成专业化的业务操作流程，摸索规律、积累规模，提升效益。

（八）结语

疫情后的国际入境旅游市场需求和偏好已发生显著变化，安全、个性化、数字化和绿色化成为主旋律。中国拥有丰富的自然资源与文化遗产，通过优化服务、提升体验、加强宣传，可以更好地满足国际入境旅游者的需求。这不仅能够促进我国入境旅游复苏，也将为中国在全球旅游市场上占据更重要的地位奠定基础。

第四章

入境旅游情境下的旅游安全气候

一、旅游安全

（一）旅游安全的概念解读

旅游业作为全球经济中发展势头最强劲和规模最大的产业之一，在促进经济增长、文化交流和社会发展等方面发挥着重要作用。然而，旅游活动中也存在着各种安全风险，如自然灾害、交通事故、恐怖袭击、犯罪等，这些风险不仅会威胁游客的生命财产安全，还会影响旅游业的可持续发展。因此，旅游安全问题成了学术界和业界共同关注的焦点。

对于如何定义旅游安全，目前国内外学术界尚未得出统一的观点，但是旅游安全的重要性已经得到了广泛的认同。总体来看，对旅游安全的基础研究较为分散，国外对于旅游安全的研究早于国内。在国外文献中，旅游安全通常被定义为游客在旅游过程中免受身体、心理和财产伤害的状态。例如，Lepp 和 Gibson（2003）认为旅游安全是指游客在旅游目的地的安全感知和实际安全状况，包括身体安全、心理安全和财产安全等方面[1]。Pizam 和 Mansfeld（1996）指出旅游安全不仅包括游客在旅游过程中的安全，还包括旅游目的地的社会安全、政治安全和环境安全等方面[2]。Ryan（2003）强调旅游安全是一个多维度的概念，包括游客的个人安全、旅游设施的安全、旅游服务的安全和旅游目的地的安全等方面[3]。总体而言，受1997年亚洲金融危机以及2001年"9·11"恐怖袭击等危机事件的影响，国外学者更加关注战争、恐怖主义、犯罪和民众骚乱等对旅游业的影响。另外，有学者提出旅游安全主要是旅游相关要素的安全，包括餐饮、住宿、交通和景点等的安全。

---

① Lepp A，Gibson H. Tourist roles，perceived risk and international tourism［J］. Annals of Tourism Research，2003，30（3）：606.

② Pizam A，Mansfeld Y. Tourism，crime and international security issue［M］. New York：John Wiley & Sons，1996：51.

③ Ryan C. Recreational tourism：demand and impacts［M］. Bristol：Channel View Publications，2003.

　　国内学界自 20 世纪 90 年代起开始关注旅游安全的基础研究，许纯玲、李志飞（2000）认为，"旅游安全是指旅游者在旅游过程中的人身、财产和心理安全"①。张进福（2001）认为旅游安全是指旅游活动中各相关主体的一切安全现象的总称，既包括旅游活动中各相关主体的安全状况，也包括由此产生的安全观念、安全意识和安全行为等②。郑向敏（2008）则认为，旅游安全包括旅游活动各环节的相关现象；也包括旅游活动中涉及的人、设备、环境等相关主体的安全现象，既包括旅游活动中的安全观念、意识培育、思想建设与安全理论等"上层建筑"，也包括旅游活动中安全的防控、保障与管理等"物质基础"③。

　　相似的观点还有朱红新（2007），他也认为旅游安全主要还是旅游活动中涉及的旅游者的人身和财产安全④。李巧玲、彭淑贞（2006）认为，旅游安全可以分为社会性的安全问题和自然性的安全问题。社会性的安全问题包括战争、恐怖主义活动、政治动荡、旅游犯罪以及安全管理失误等。自然性的安全问题，即所谓的自然灾害，主要有地震、火山、滑坡和泥石流等地质地貌灾害；洪水、暴雨、沙尘暴、干旱和海啸等气象水文灾害；病虫害等生物灾害⑤。邹统钎等（2011）认为旅游安全是指在旅游活动过程中，旅游者、旅游企业和旅游目的地等各相关主体的生命、财产和心理等方面不受威胁和损害的状态⑥。另外，除了传统的对于旅游者人身和财产安全的关注，国内的学者逐渐开始认识到旅游者的名誉安全（郑向敏，2009）⑦、文化安全（张春霞，2010）⑧、旅游经济安全（王萍，2010）⑨等也是旅游安全的重要构成内容。

---

① 许纯玲，李志飞.旅游安全实务［M］.北京：科学出版社，2000.
② 张进福.旅游安全表现形态与时空特征简析［J］.桂林旅游高等专科学校学报，2001（1）.
③ 郑向敏.旅游安全［M］.北京：社会科学文献出版社，2008.
④ 朱红新.旅游安全及其管理体制研究［D］.南京：南京农业大学，2007.
⑤ 李巧玲，彭淑贞.旅游安全及其相关问题的初步研究［J］.泰山学院学报，2006（1）：65.
⑥ 邹统钎.旅游目的地管理［M］.北京：高等教育出版社，2011.
⑦ 郑向敏，高玲.国内近年关于旅游安全研究的综述与启示［J］.北京第二外国语学院学报，2009（31）：5.
⑧ 张春霞.边疆文化旅游开发与文化安全［J］.广西民族研究，2010（2）：185.
⑨ 王萍.论影响旅游经济安全的主要因素［J］.现代商贸工业，2010，22（9）：156.

（二）旅游安全的特征

1. 旅游安全的集中性

首先，环节集中。从旅游活动环节方面来看，旅游安全问题在旅途与住宿活动环节表现得较为集中。例如，在福建省进行的某个调查显示，旅游者在旅途与住宿环节发生的安全问题分别占比 34.4% 和 19.1%，超过了安全问题总数的一半。这是因为在旅途过程中，游客可能面临交通意外、路况不佳等风险；而住宿时，酒店的设施安全、周边环境安全以及人员管理等方面的问题都可能影响游客的安全。比如在一些偏远地区的小型旅店，可能存在消防设施不完善、门锁不牢固等安全隐患，容易给不法分子可乘之机。

其次，形态集中。从旅游安全的表现形态看，旅游者的安全经历大多集中在犯罪、疾病或食物中毒、交通事故这几种类型。其中犯罪现象较为突出，在很大程度上威胁到旅游者的生命、财产安全；疾病或食物中毒问题也较为常见，由于旅途劳累、异地环境差异等因素，旅游者容易出现身体不适或食物中毒的情况；交通事故在旅游业运行各环节中影响较大，尤其是道路交通事故，每年都大量发生，给旅游者的生命安全带来严重威胁。

2. 旅游安全的广泛性

首先，环节覆盖广泛。旅游安全问题广泛存在于旅游活动的各个环节，包括食、住、行、游、购、娱等。在餐饮方面，可能存在食品卫生问题，如食材不新鲜、加工过程不卫生等，导致旅游者食物中毒；住宿环节，酒店的消防、治安等方面的安全问题可能影响旅游者的休息和安全；交通方面，各种交通工具的安全性能、驾驶员的操作水平等都与旅游者的安全息息相关；游览过程中，景区的设施安全、自然灾害等因素也可能威胁旅游者的安全。

其次，人群覆盖广泛。不同年龄、性别、职业、文化背景等的旅游者，在旅游过程中都有可能遭遇安全事故。例如，老年人可能因为身体状况不佳，在旅途中突发疾病；年轻人可能因为冒险精神较强烈，在参与一些高风险的旅游项目时发生意外；女性旅游者在一些治安较差的地区容易成为犯罪的目标等。

最后，涉及主体广泛。旅游安全不仅与旅游者相关，还与旅游地居民、旅游从业者、旅游管理部门以及包括公安部门、医院等在内的旅游地各部门和机构等相联系。旅游活动的顺利进行需要各方面的共同努力和配合，一旦某个环节出现问题，都可能影响旅游安全。例如，旅游地居民的态度与行为可能影响旅游者的感受和安全，旅游从业者的服务质量和安全意识也直接关系到旅游者的安全，而公安部门的治安管理、医院的医疗救援等都是旅游安全保障的重要力量。

3. 旅游安全的巨大性

首先，危害和破坏程度巨大。旅游安全问题造成的危害和破坏是巨大的，不仅会使旅游者蒙受巨大的经济与名誉损失，甚至会威胁旅游者的健康与生命，并给旅游企业带来财产损失，影响整个社会的稳定和发展。例如，一些重大的自然灾害、交通事故等，可能导致大量的人员伤亡和财产损失，给受害者及其家庭带来巨大的痛苦和损失。同时，这些事件也会对旅游目的地的形象和声誉造成严重的损害，影响当地旅游业的发展。

其次，影响范围巨大。旅游安全问题的影响范围不局限于旅游者和旅游企业，还可能涉及整个旅游行业甚至国家的形象和声誉。严重的旅游安全事故会引起媒体的广泛关注和报道，对旅游目的地的形象产生负面影响，导致其他潜在的旅游者对该地望而却步，影响整个旅游行业的发展。例如，某些国家或地区因为频繁发生恐怖袭击、自然灾害等安全问题，导致其旅游业受到严重的冲击，旅游收入大幅下降。

4. 旅游安全的隐蔽性

首先，旅游安全问题易被掩盖。虽然旅游活动中的安全问题数量不少，但由于安全问题本身的敏感性和所带来的负面影响，往往容易被旅游经营管理者所掩盖。旅游企业为了维护自身的形象和利益，面对媒体或公众对其安全事件的询问时，可能会采取避而不谈或模糊带过的方式。因此实际发生的旅游安全问题往往多于公开报道。例如，一些酒店在发生安全事故后，可能会与受害者私下协商解决，避免事件的公开化，以减少对酒店声誉的影响。

其次，一些隐患不易察觉。旅游活动中的一些安全隐患具有隐蔽性，不容易被及时发现。例如，景区的一些游乐设施可能存在设计缺陷或维护不当的问题，但很难发现异常，只有在使用过程中才会暴露出来；一些旅游目的地的自然环境可能存在潜在的危险，如地质灾害、恶劣天气等，但旅游者可能对这些情况并不了解，容易忽视潜在的安全风险。

（三）旅游安全的影响因素

1. 自然环境因素

地质条件方面，处于地质灾害高发区域的旅游地，如地震带、滑坡泥石流多发区等，会给游客带来巨大的安全隐患。比如我国西南地区，地形复杂，山体滑坡、泥石流等地质灾害时有发生。在这些地区进行旅游活动时，如果发生地质灾害，不仅会破坏旅游设施，可能还会导致游客受伤甚至失去生命。以四川九寨沟为例，该地区地质构造复杂，地震等地质灾害相对频繁，曾在2017年发生过7.0级地震，对当地的旅游设施和游客的安全造成了严重影响。

气象条件也是影响旅游安全的重要因素。暴雨、台风、寒潮、高温等恶劣天气，可能引发各种安全问题。例如，台风天气会导致航班取消、海上旅游项目暂停，强降雨可能引发城市内涝，影响游客的出行和游览安全。在2013年的菲特台风期间，浙江、上海等地的旅游景区受到了严重影响，许多游客被困在景区内，旅游设施也遭到了不同程度的损坏。

水文条件同样不可忽视。河流、湖泊、海洋等水域的水情变化，如洪水、潮汐、海浪等，可能会给水上旅游活动带来危险。每年夏季，一些海滨旅游地都会发生游客溺水事件，很大程度上是因为游客对当地的潮汐规律不了解，或者忽视了海浪的危险性。

2. 旅游硬件设施因素

交通设施的安全性至关重要。旅游过程中的交通工具，如飞机、火车、汽车、轮船等，如果存在安全隐患，就会对游客的生命安全造成威胁。例如，一些老旧的旅游大巴，可能存在刹车失灵、轮胎磨损等问题，容易引发交通事故。2016年，湖南的一辆旅游大巴车在行驶中碰撞隔离带和护栏后起火，造成了重大人员伤亡。

住宿设施的安全也不容忽视。酒店、民宿等住宿场所的消防设施、电气设备、建筑结构等如果不符合安全标准，可能会引发火灾、触电、房屋倒塌等安全事故。一些小型民宿由于缺乏规范的管理和安全设施，存在着较大的安全隐患。比如，疏散通道狭窄、消防器材配备不足，一旦发生火灾，住宿客人很难及时疏散。

景区的游乐设施和安全防护设施是保障游客安全的关键。一些景区的游乐项目，如过山车、索道、玻璃栈道等，如果没有定期维护和检测，可能会出现故障，导致游客受伤。例如，某景区的玻璃栈道曾出现过玻璃破裂的情况，引发了游客的恐慌。此外，景区的安全防护栏、警示标志等设施如果不完善，也会增加游客发生意外的风险。

3. 社会文化环境因素

旅游地的社会治安状况直接影响游客的安全。如果旅游地的治安较差，存在盗窃、抢劫、诈骗等违法犯罪行为，游客的人身和财产安全就会受到威胁。例如，游客在一些国外的旅游城市游览过程中经常遭遇盗窃和抢劫。国内的一些旅游热点地区，在旅游旺季时也会出现偷盗的现象，给游客带来不必要的麻烦。

旅游地的文化差异也可能引发安全问题。不同国家和地区的文化习俗、宗教信仰、法律法规等存在差异，如果游客不了解当地的文化背景，可能会在不经意间违反当地的规定，引发冲突或纠纷。比如，在一些宗教场所，游客如果不遵守宗教礼仪，可能会引起当地居民的不满。

旅游地的政治形势也会对旅游安全产生影响。如果旅游地发生政治动荡、战争、恐怖活动等，游客的安全将无法得到保障。近年来，一些中东和非洲地区的国家由于政治局势不稳定，经常发生恐怖袭击事件，导致当地的旅游业受到了严重的冲击。

4. 旅游管理因素

旅游企业的管理水平直接关系到旅游安全。一些旅游企业为了追求经济效益，忽视了安全管理，对员工的安全培训不到位，导致员工的安全意识淡薄，在服务过程中容易出现安全事故。例如，一些旅行社在安排旅游行程时，没有充分考虑到交通、住宿、餐饮等方面的安全问题，或者在选择合作的供应商时，没有严格审核其资质和安全状况。

政府部门的监管力度也会影响旅游安全。如果政府部门对旅游市场的监管不到位，一些不具备资质的旅游企业和从业人员就会进入市场，给游客带来安全隐患。此外，政府部门在应对突发事件时的应急管理能力也非常重要，如果不能及时有效地处理突发事件，就会导致事故的后果更加严重。

5. 游客自身因素

游客的安全意识和自我保护能力是影响旅游安全的重要因素。一些游客在旅游过程中缺乏安全意识，对潜在的安全风险认识不足，容易发生意外。例如，一些游客在登山时不遵守景区的规定，擅自进入未开发的区域，或者在游泳时不注意水深和水流情况，导致溺水事故的发生。游客的身体状况也会影响旅游安全。如果游客患有某些疾病，如心脏病、高血压、哮喘等，在旅游过程中可能会因为身体不适而引发安全问题。此外，一些游客在旅游前没有做好充分的准备，如没有携带必要的药品和急救用品，在遇到突发情况时无法及时得到救治。

（四）旅游安全事件

1. 自然灾害相关的旅游安全事件

自然灾害是旅游安全事件中常见且不可控的类型，包括地震、火山爆发、台风、洪水等地质灾害或气象灾害等。这些灾害能够直接破坏和损毁旅游目的地的交通、电力、房屋等基础设施，对游客的生命财产安全造成极大威胁，例如，2011 年发生的日本大地震（日本"3·11"大地震），不仅导致了大量游客的滞留，还严重影响了日本的旅游业，许多国际游客取消了行程。

自然灾害也会对旅游目的地的长期吸引力和综合形象造成损害。灾害发生后，媒体对灾区的报道可能会夸大风险，导致潜在游客对该地区形成"危险"的印象，进一步削弱旅游地的竞争力。

自然灾害的突发性和破坏性要求旅游业具备高效的应急管理机制和灾后恢复能力。为了尽可能减轻自然灾害给当地旅游业发展所带来的负面影响，许多国家和地区通过灾后旅游促销活动以及基础设施的快速修复来重建游客信心。比如，在2004年印度洋海啸发生后，泰国迅速实施了一系列国际宣传活动，强调其旅游地的安全性和重建成果，从而逐渐恢复了游客数量。

此外，自然灾害能够在一定程度上推动旅游业在风险管理方面的创新，如推广灾害保险产品和加强区域性的跨国灾害应急合作，以降低未来灾害对旅游业的影响。Fischhoff等（2013）提出，灾后恢复的关键在于迅速评估受灾区域的风险并提供准确的信息，以减少游客的焦虑和恐慌[①]。通过建立可靠的应急管理系统和风险评估机制，旅游业可以更好地应对自然灾害。另有研究指出，预警系统的使用和灾后旅游市场的重建对减轻灾害对旅游业的长期影响至关重要。

2. 恐怖袭击或犯罪相关的旅游安全事件

恐怖袭击和犯罪事件近年来在全球范围内已经成为影响旅游安全的重大问题。这类事件通常表现为以游客或旅游目的地为目标的暴力行为，包括恐怖分子发动的爆炸、枪击、绑架以及针对游客的抢劫、性侵害等犯罪活动。这类事件对游客的生命财产安全构成严重威胁，同时也对目的地的经济、社会和形象产生深远影响。恐怖袭击和犯罪事件的随机性和高破坏性使得游客面临不可预见的风险，常常引发公众的恐慌，导致旅游业的迅速衰退。

恐怖袭击作为一种极端暴力行为，往往以制造社会恐慌和经济损失为目标。旅游业因其高流量的人员聚集和国际化特征，成为恐怖分子的重要目标。例如，2015年法国巴黎的多起恐怖袭击事件对当地旅游业造成了沉重打击。

---

① Fischhoff B. Integrating risk analysis and risk communication[R]. Beijing: International Risk Governance Council（IRGC），2013.

这次事件发生在多个游客聚集的地点，包括著名的巴塔克兰剧院和咖啡馆，导致超过 130 人遇难。事件发生后，法国的酒店入住率下降了 30%，国际游客数量明显减少，尤其是来自美国和亚洲的游客。此外，该事件不仅直接导致游客减少，还使得巴黎一度被认为是高风险地区，重创了其作为国际旅游目的地的声誉。

相较于恐怖袭击，犯罪行为虽然破坏性较低，但发生频率更高，且对游客个人的影响更为直接。这类行为包括抢劫、绑架、性骚扰或性侵害等，目标通常是游客的财物或人身安全。犯罪活动对游客的心理安全感和旅行体验造成破坏，同时也对目的地的声誉产生负面影响。例如，南非长期以来因高犯罪率而被认为是旅游安全的高风险地区。游客在当地经常成为抢劫和暴力犯罪的目标，如 2018 年一名德国游客在南非知名景区"桌山"遭遇抢劫并受伤。虽然案件得到了快速处理，但南非旅游安全环境的问题再度成为国际关注的焦点，许多潜在游客因此取消行程。

3. 公共卫生相关的旅游安全事件

公共卫生事件是指涉及公众健康的突发状况，包括传染病暴发、食品安全问题、疫苗供应短缺等。这类事件对旅游业的影响广泛而深远，不仅直接威胁游客的健康，还会间接扰乱旅游产业链的正常运作，造成目的地经济损失和社会信任危机。

公共卫生事件的危害主要表现为两个方面：一是对游客生命安全的直接威胁，例如感染疾病或因医疗资源不足而无法获得及时治疗。二是对旅游目的地基础设施、公共服务和社会稳定的间接影响。例如，当公共卫生事件暴发时，相关国家可能实施旅行限制、关闭景区或暂停国际航班，导致旅游业运营全面停滞。此外，卫生事件通常伴随着恐慌情绪，使游客对目的地卫生条件和医疗保障产生怀疑，从而削弱其吸引力。从经济角度来看，公共卫生事件还可能因游客数量减少导致大量旅游企业破产，特别是对航空、酒店、餐饮等高度依赖旅游客流的行业冲击尤为明显。社会层面，疫情引发的恐慌和隔离措施可能加剧社会紧张，特别是对依赖旅游业谋生的群体影响深远。

2020 年暴发的新冠（COVID-19）疫情是公共卫生事件影响全球旅游业的典型案例。病毒传播速度快、隐匿性强，很快蔓延至全球。各国纷纷采取封闭边境、停飞航班和限制聚集的措施，国际旅游几乎陷入停滞。据世界旅游组织（UNWTO）统计，2020 年全球国际游客数量同比下降 74%，造成约 1.3 万亿美元的旅游收入损失，是以往所有公共卫生事件影响的几十倍。疫情期间，航空公司和酒店行业因为客流减少而出现大规模裁员，许多旅游企业甚至倒闭。与此同时，游客对健康安全的关注大幅提升，许多目的地不得不调整营销策略，以良好的卫生保障和先进的医疗设施来吸引游客。

为更好地应对公共卫生事件对旅游业的影响，全球各国需通力合作，建立高效的公共卫生应急体系，完善风险监测和健康保障机制，以便更好地应对类似事件的冲击。此外，国际合作在卫生事件应对中的作用日益凸显，例如共享疫苗分发方案、制定统一的健康旅行标准，以减少事件对全球旅游市场的不对称影响。

4. 人为事故相关的旅游安全事件

人为事故在旅游安全事件中占据了重要比例，其核心特征是由人为过失、管理疏漏或安全意识不足等人为因素而导致的旅游安全事件，通常体现在游客自身的不当行为、旅游服务商的疏忽或管理失误造成的事故，例如旅游交通事故、住宿设施火灾、娱乐设施设备失灵等。这些事故往往容易造成较为严重的后果，包括但不限于游客死亡或失踪、游客财产安全损失等。比如，游客在未遵守安全规范的情况下进行极限运动，可能导致意外受伤或死亡。服务商或旅游企业安全失范也会造成严重的旅游安全事故。2015 年，韩国一游轮因超载和操作失误而沉没，导致多名游客伤亡。这起事故暴露了旅游行业在安全监管上的漏洞，特别是对高风险活动的安全规范执行不力。因此，旅游服务供应商在提供极限运动等高风险活动时，应采取严格的安全保障措施，包括完善的安全培训和设施检查。旅游管理部门应加强对旅游活动的监管，确保旅游市场的安全性，防止人为因素导致的安全事故。与自然灾害或公共卫生事件的不可控性不同，人为事故具有较高的可预防性。然而，由于旅游行业的经济驱动性和高流量特点，人为事故依然频繁发生，不仅威胁游客生命财产安全，还对旅游目的地的声誉和经济造成负面影响。

二、旅游者风险感知

（一）旅游者风险感知的概念

除了对旅游安全的基础研究之外，许多学者从旅游安全认知以及旅游风险认知的角度来对旅游安全进行研究。由于旅游者在选择旅游目的地时，往往会将旅游风险与当地的旅游安全联系起来，因此旅游风险认知研究往往与旅游安全认知研究密不可分。本节不对这两个概念进行区分，谈到安全，一定对应着风险，谈到风险一定是为了安全。

国外相关研究主要是基于 Bauer（1960）对感知风险的界定而来的，Bauer 将感知风险界定为"消费者的所有行为都会产生其自身无法准确预见的后果，而且其中部分后果可能是令人不愉快的，所以从这个意义上讲，消费者的行为涉及风险"[①]。这一观点为后续旅游领域的风险感知研究奠定了基础，强调了风险的不确定性和可能带来的负面后果，对于理解旅游者在旅游决策过程中面临的不确定性具有重要意义。Cox 在此基础上提出，消费者在购买决策过程中会面临各种风险，包括财务风险、功能风险、社会风险、心理风险和身体风险等[②]。在旅游情境中，旅游者同样会面临这些风险。例如，财务风险可能是旅游花费超出预算；功能风险可能是旅游设施或服务不能满足期望；社会风险可能是旅游行为不被他人认可；心理风险可能是旅游体验不佳导致心理压力；身体风险则是旅游过程中可能面临的健康和安全问题。由此

---

① Bauer R A. Consumer behavior as risk taking［C］//Hancock R S. Dynamic marketing for a changing world. Chicago：American Marketing Association，1960：389.

② Cox D F. Risk taking and information handling in consumer behavior［J］. Journal of Marketing Research，1967，6（1）：110.

可见，国外学者主要侧重于对旅游风险感知的理解。Lepp 等（2003）[①] 认为旅游风险感知就是实际风险中可能发生事件的概率，且风险感知是一个主观变量；Moutinho 等（2011）将旅游风险感知定义为不确定性和结果的函数，并提出旅游风险感知来源于产品内在、购买地点和方式、经济和社会心理、游客自身经历 4 个方面的不确定性[②]。

国内学者多是从旅游活动、旅游心理、旅游社会环境等不同的角度来诠释旅游风险感知和旅游安全认知概念。例如，"旅游安全认知是实际的安全信息在人脑中的主观反映，是个体对于客观存在的安全环境的直觉判断，是旅游者感知的安全程度"（安辉、付蓉，2005）[③]。刘春济等（2008）认为旅游风险感知是游客对旅游活动过程及结果的不确定性所做出的主观判断[④]。章杰宽（2009）则认为旅游风险感知是旅游者对影响正常旅游活动的各种因素的心理感受和认识，是指旅游者对旅游行为发生前的心理期望与旅游行为发生的客观效果之间的偏差的一种主观评价[⑤]。柴寿升等（2011）认为旅游者风险感知是个体对外界各种旅游危机事件的主观感受与认识[⑥]。朱建华（2013）认为旅游风险感知就是旅游者在其旅游行为前及过程中对可能发生的负面结果的感知[⑦]。白凯等（2012）认为，旅游者感知风险的内涵及维度是多方面的，包括对旅游目的地的社会环境、自然环境、旅游服务质量、旅游设施安全等方面的风险感知，并且旅游感知风险会受到旅游者的个人特征、旅游经验、信息

---

① Lepp A, Gibson H. Tourist Roles, perceived risk and international tourism [J]. Annals of Tourism Research, 2003, 30（3）: 606.

② Moutinho L, Ballantyne R, Rate S. Consumer behavior in tourism [J].Strategic Management in Tourism, 2011（2）: 83.

③ 安辉，付蓉.影响旅游者主观风险认知的因素及对旅游危机管理的启示 [J].浙江学刊，2005（1）: 196.

④ 刘春济，高静.基于风险认知概念模型的旅游风险认知分析——以上海市民为例 [J].旅游科学，2008，22（5）: 37.

⑤ 章杰宽.国内旅游者西藏旅游风险认知研究 [J].四川师范大学学报（社会科学版），2009，36（6）: 111.

⑥ 柴寿升，赵建春.海洋旅游危机事件及其管理体系构建研究 [J].国土与自然资源研究，2011（6）: 53.

⑦ 朱建华.汶川地震后九寨沟旅游者的风险感知研究 [D].南京：南京大学，2013.

获取渠道等因素的影响[①]。李晓维（2024）提出，旅游者对目的地的感知风险具有主观性和决策结果的不确定性，他们在购买旅游产品的过程中，对风险的感受和判断具有主观性，不同的旅游者对相同的风险事件可能会有不同的感知，此外旅游者旅游决策的结果具有不确定性，错误的决策可能会导致严重的后果[②]。

（二）旅游者安全感知的特征

1. 旅游者安全感知的主观性

旅游者安全感知具有强烈的主观性。具有不同特征的旅游者对同一旅游环境可能会有截然不同的安全感受。旅游者安全感知的主观性主要体现在以下几个方面。

首先，个人经历极大地影响旅游者安全感知的主观性。例如，一位曾经在某海滨城市旅游时遭遇过财物被盗的游客，在去其他海滨城市旅游时，很可能会因为之前的不良经历而对新的目的地产生较高的安全担忧。即使新的目的地有着良好的治安记录和完善的安保措施，但由于自身曾经的遭遇，这位游客在心理上会更加警惕，安全感知也会相应降低。相反，另一位游客如果在多个旅游地都有过愉快且安全的经历，那么他在面对新的旅游目的地时，可能会基于过去的积极体验而抱有较高的安全期望，主观上认为这个新地方也会是安全的。

其次，性格特点也是导致安全感知主观性的重要因素。性格较为谨慎、胆小的旅游者可能对潜在的风险更加敏感。比如，在选择住宿时，性格谨慎的游客可能会对酒店的周边环境、门锁的牢固程度等方面进行细致的考察，稍有不如意之处就会觉得不安全。而性格大胆、乐观的旅游者可能对这些细节不太在意，更倾向于相信自己能够应对各种情况，从而主观上觉得安全风

---

① 白凯，张春晖.旅游信息来源类型对消费者行为意图的影响［J］.人文地理，2012，27（6）：95.
② 李晓维.“一市两场”下北京大兴国际机场战略风险识别研究［D］.北京：北京外国语大学，2024.

险较低。

再者，价值观的不同也会使旅游者的安全感知呈现出主观性。对于一些注重环保和自然体验的旅游者来说，一个生态环境良好但基础设施相对简陋的旅游地可能会被认为是安全的，因为他们更看重与自然的亲近和心灵的宁静。然而，对于那些注重舒适和便利的旅游者来说，这样的地方可能会让他们觉得不安全，因为缺乏完善的设施可能会给出游带来不便，甚至会增加潜在的安全风险。

最后，文化背景也会影响旅游者安全感知的主观性。来自不同文化背景的旅游者对安全的定义和标准可能存在差异。例如，在一些文化中，人们对个人空间的需求较大，在拥挤的旅游景点可能会感到不安全；而在另一些文化中，人们习惯了热闹的环境，对同样的场景可能不会有安全方面的担忧。同时，不同文化对于风险的接受程度也不同。有些文化鼓励冒险和探索，来自这些文化背景的旅游者可能对一些具有一定危险性的旅游活动，如攀岩、潜水等，有较高的安全感知，认为自己有能力应对风险；而在一些较为保守的文化中，人们可能会对这些活动持谨慎态度，安全感知较低。

2. 旅游者安全感知的动态性

旅游者安全感知是动态变化的。在旅游过程的不同阶段，旅游者的安全感知会发生变化。在旅游前，旅游者主要根据各种渠道获取的信息来形成对目的地的安全感知，一旦到达目的地，实际的体验和观察可能会改变他们的初始感知，也说明了旅游者在旅游过程不同阶段的安全感知会发生变化。例如，一位准备去某个山区旅游的游客，在出发前通过网络搜索了解到该地区近期天气良好、交通便利且没有重大安全事件报道，此时他对这个目的地的安全感知较高，他会想象自己在美丽的自然环境中愉快地游玩，认为自己的旅行会很安全。然而，当旅游者到达目的地后，实际情况可能与预期有所不同，从而导致安全感知发生变化。比如，到达山区后发现游客众多，道路拥堵，这可能会让他开始担心交通意外的风险，安全感知有所降低。又或者在入住酒店时，发现酒店设施比较陈旧，周边环境嘈杂，这也会使他对住宿安全产生疑虑。

旅游过程中的突发事件会极大地影响安全感知。假设在旅游期间，突然遭遇暴雨天气，原本计划的户外活动不得不取消，而且道路可能出现积水、山体滑坡等潜在危险。这时，旅游者的安全感知会迅速降低，他们会感到不安和担忧，担心生命安全受到威胁。随着事件的发展和解决，安全感知又会再次发生变化。如果当地政府和旅游部门迅速采取措施，如清理道路、发布安全提示、提供紧急救援等，旅游者的安全感知可能会逐渐恢复。继续以暴雨事件为例，当雨势减弱，道路恢复畅通，旅游景区重新开放，并且旅游者看到相关部门的有效管理后，他们对目的地的安全信心会慢慢恢复，安全感知也会回升。

另外，旅游过程中的人际交往也会导致安全感知的动态变化。如果旅游者在旅途中遇到友好、热情的当地居民和其他游客，他们会觉得这个地方更加安全。相反，如果遇到不友好的人或者发生冲突，安全感知就会降低。例如，一位游客在一个陌生的城市迷路了，向当地人问路时，当地人不仅热情地为他指路，还介绍了一些当地的安全注意事项和好玩的地方。这会让游客感到温暖和安心，提高对这个城市的安全感知。但如果在问路时遭到冷漠对待甚至被欺骗，那么旅游者对这个城市的安全感知就会大打折扣。

3. 旅游者安全感知的多维性

旅游者安全感知的多维性指的是，旅游者对于安全的感知涵盖了多个维度，包括身体安全、心理安全和财产安全等。

首先，身体安全维度。身体安全是旅游者安全感知中最为基础和直观的维度。这主要涉及在旅游过程中避免身体受到伤害，包括远离自然灾害、交通事故以及各类意外事故等。例如，一位游客计划前往海滨城市旅游，在做出决策前，他会关注目的地是否处于地震带、是否容易遭受台风等自然灾害。如果了解到该地区近期有台风预警，他可能会降低对这个目的地的安全感知，从而考虑更改旅游计划。此外，交通事故也是影响身体安全感知的重要因素。若目的地的交通状况混乱，道路狭窄且车辆行驶无序，旅游者会担心在出行过程中遭遇交通事故，进而降低对该地的安全感知。在旅游景区内，安全设施的完善程度也会影响身体安全感知。比如，山岳型景区如果没有牢固的防护栏、清晰的指示牌和及时的救援服务，游客会觉得身体安全得不到保障。

其次，心理安全维度。心理安全在旅游者安全感知中同样至关重要。它主要指旅游者在旅游过程中是否感到舒适、放松和被尊重。例如，一位独自旅行的女性游客来到一个陌生的城市。如果当地居民友好热情，她会感到心理上比较安全，能够更自在地探索这个城市。但如果在旅途中遭遇他人的不友好对待、歧视或者骚扰，她的心理安全感知会急剧下降。旅游住宿环境也会影响心理安全。如果酒店的氛围温馨、服务周到，游客会觉得很踏实；相反，如果酒店环境阴森、服务人员态度冷漠，游客可能会感到不安和焦虑。此外，旅游目的地的社会秩序也与心理安全密切相关。一个治安良好、社会和谐的地方会让旅游者有更高的心理安全感知，能够尽情享受旅游的乐趣。

最后，财产安全维度。财产安全是旅游者安全感知的另一个重要方面。旅游者在旅游过程中通常会携带一定的财物，如现金、信用卡、相机等，他们担心这些财物被盗或丢失。例如，一位游客在热闹的旅游景点游玩时，如果周围人群拥挤且治安状况不佳，他会时刻担心自己的背包被偷，财产安全感知就会降低。在住宿方面，如果酒店的房间门锁不牢固或者没有安全的保管设施，游客也会对自己的财产安全感到担忧。此外，在一些国外旅游目的地，游客可能会担心货币兑换过程中的风险以及信用卡被盗刷的问题。这些因素都会影响旅游者对财产安全的感知，进而影响他们对整个旅游体验的评价。

4.旅游者安全感知的关联性

旅游者安全感知的关联性体现在其容易受到外界多种因素的影响。旅游目的地的形象、媒体报道、他人的评价等都会对旅游者的安全感知产生作用。旅游企业的宣传和安全措施也会影响旅游者安全感知。如果旅游企业能够提供详细的安全信息和有效的安全保障措施，如购买旅游保险、提供紧急救援服务等，旅游者的安全感知会提高。具体包括以下几个方面。

一是旅游目的地形象。旅游目的地的形象对旅游者安全感知有着显著影响。如果一个旅游目的地在媒体上被频繁宣传为安全、美丽、友好的地方，旅游者在前往之前就会形成较高的安全感知。例如，新西兰以其美丽的自然风光和安全的旅游环境而闻名。媒体上经常展示新西兰壮丽的山脉、清澈的湖泊以及热情友好的当地居民，这使得潜在旅游者对新西兰的安全感知较高。他们会认为在这样一个美丽的国家旅游，安全是有保障的。相反，如果一个地区经常出现负面新闻，如治安问题、自然灾害等，旅游者的安全感知就会大大降低。比如，某些中东地区国家，由于不时有恐怖袭击的新闻报道，很多旅游者会对前往这些地区感到担忧，即使这些地区可能在某些方面有着独特的旅游资源，但安全感知的降低使得他们在选择旅游目的地时会避开这些地方。

二是媒体报道。媒体的报道对旅游者安全感知的影响也非常大。当媒体大量报道某个旅游目的地发生重大安全事故时，会在旅游者心中形成强烈的负面印象。例如，某地发生严重的地震灾害，媒体进行了广泛深入的报道，展示了地震后的破坏场景和人员伤亡情况。这会让原本计划前往该地旅游的人产生恐惧和不安，安全感知急剧下降。他们会担心再次发生地震或者地震带来的后续影响，如基础设施损坏、救援不及时等问题。另外，媒体对旅游目的地治安问题的报道也会影响旅游者安全感知。如果媒体频繁报道某个城市盗窃、抢劫案件频发，旅游者在考虑前往这个城市旅游时就会格外谨慎，对安全的担忧会增加。

三是他人评价。他人的评价，包括朋友、家人、其他旅游者的经验分享，也会影响旅游者安全感知。如果身边的人在某个旅游目的地有过不好的经历，如遭遇骗局、遇到不良治安事件等，他们的讲述会让旅游者对这个目的地的安全产生怀疑。例如，一个朋友去某个城市旅游后回来抱怨在当地被小商贩欺骗，买了高价且质量不佳的纪念品。听到这个经历后，准备去这个城市旅游的人可能会对该地的商业环境产生担忧，安全感知也会受到影响。相反，如果他人对某个目的地赞不绝口，强调那里的安全和友好，旅游者就会更倾向于认为这个地方是安全的，从而提高对该目的地的安全感知。

　　四是旅游企业宣传和安全措施。旅游企业的宣传和所采取的安全措施对旅游者安全感知起着重要作用。如果旅游企业在宣传中强调目的地的安全保障措施，如提供 24 小时紧急救援服务、有专业的导游团队确保游客安全等，旅游者会觉得这个旅游产品更加可靠，安全感知会提高。例如，一家旅行社在推广某个旅游线路时，详细介绍了当地的安全设施、医疗保障以及导游的专业素养和应急处理能力。这会让旅游者觉得在旅游过程中，自己的安全能够得到有效保障，从而增加对这个旅游产品的信心。相反，如果旅游企业对安全问题重视不够，没有提供足够的安全信息或者安全措施不到位，旅游者的安全感知就会降低。

（三）旅游者安全感知影响因素

　　综合目前的研究可以发现，国外主要将影响旅游安全认知的因素分为个体因素和外界诱导性因素，而国内主要从内部影响因素和外部影响因素两个角度来研究旅游安全认知的影响因素。

　　个体因素和内部因素实际上指的都是旅游者自身的因素，其影响主要体现在人口统计学特征和旅游者对危机的了解程度、旅游经历、是否经历过危机事件、旅游频率、身体状况、语言沟通能力等（苗圃，张宁，2017）[①]。例如，Demos（1992）通过对华盛顿游客的访谈发现游客的安全认知和态度受到其性别、婚姻状况、受教育程度等因素影响[②]。Roy 等（2005）通过对到澳大利亚昆士兰海滩旅游的国际学生和国内学生进行访谈和问卷调查，结果表明国际学生相比于国内学生具有更少的安全感知[③]。George（2010）则通过他的实证研究证明了游客的个体因素，包括年龄、籍贯、目的等都会影响游客

---

　　① 苗圃，张宁 . 旅游安全感知研究进展与展望［J］. 旅游学刊，2017，32（10）：5.

　　② Demos E. Concern for safety: A study of Washington, D.C., tourists［J］. Journal of Travel Research，1992，30（4）：22.

　　③ Roy S, Cairncross G, Giddens T. Safety perception of international and domestic students on Australian beaches［J］. Tourism Management，2005，26（3）：307.

自身的旅游安全感知，其中年龄越长的游客其不安全感也会越高[①]。Lepp 和 Gibson（2003）强调了旅游者安全感知与其旅游风险认知的密切相关性，他们认为旅游者对旅游风险的认知会影响其安全感知，风险感知较高的旅游者可能会认为旅游目的地不安全[②]。郑向敏（2010）在对影响大学生户外休闲体育运动安全的研究中也提出了个体差异是影响其安全感知的重要因素，指出旅游者安全感知是旅游者对旅游活动中各种安全因素的主观认识和评价，受到个人经历、文化背景、旅游目的地信息等因素的影响。Mitchell（1999）认为，旅游者的风险感知是一个动态的过程，会受到个人因素、旅游经历、信息获取等多种因素的影响。例如，初次旅游者可能对目的地的风险感知较高，而有丰富旅游经验的旅游者可能因为对类似情况的熟悉而降低风险感知[③]。此外，旅游者获取的信息越多，对风险的判断可能越准确，风险感知也会相应发生变化。刘春济等（2008）发现游客的风险感知存在个体和群体差异[④]。邹永广（2014）从心理学的角度划分旅游者为平衡型、谨慎型和冒险型三类，不同的旅游者对于旅游风险的感知是不同的[⑤]。

从外界或者外部因素来看，Pizam 和 Mansfeld（1996）认为，旅游者安全感知受到旅游目的地的犯罪率、政治稳定性和自然灾害等外界因素的影响。他们指出，旅游者在选择旅游目的地时，会考虑目的地的安全状况，高犯罪率和政治不稳定的地区可能会降低旅游者的安全感知[⑥]。Sonmez 和 Graefe

---

① George R. Perceived safety, risk and travel behavior of tourists: A study of Cape Town, South Africa [J]. Tourism Management, 2010, 31（6）: 806.

② Lepp A, Gibson H. Tourist roles, perceived risk and international tourism [J]. Annals of Tourism Research, 2003, 30（3）: 606.

③ Mitchell V-W. Consumer perceived risk: Conceptualizations and models [J]. European Journal of Marketing, 1999, 33（1/2）: 163.

④ 刘春济，高静. 基于风险认知概念模型的旅游风险认知分析——以上海市民为例 [J]. 旅游科学，2008, 22（5）: 37.

⑤ 邹永广. 旅游风险心理学研究 [M]. 北京: 中国旅游出版社，2014.

⑥ Pizam A, Mansfeld Y. Tourism, Crime and International Security Issues [M]. Chichester: Wiley, 1996.

（1998）在其研究中发现，旅游者安全感知受到旅游目的地形象的影响[①]。如果旅游目的地具有良好的形象，旅游者可能会认为该目的地更安全。相反，如果目的地形象不佳，旅游者的安全感知可能会降低。布伦特等（Brunt et al.，2000）评价了旅游者度假期对犯罪的安全感，得出治安状况一直是游客选择旅游地和度假的重要因素[②]。吴必虎等（2001）通过研究大学生对旅游安全的感知发现当地的社会治安情况对80.2%的被调查者影响显著[③]。张进福（2002）提出，旅游者安全感知包括对旅游目的地的自然环境安全、社会环境安全和旅游服务安全等方面的感知。他认为，旅游者在旅游过程中会关注目的地的自然条件、社会治安和旅游服务质量等因素，这些因素会对旅游者的安全感知产生显著的影响[④]。李锋（2008）、孙多勇（2007）将影响旅游者风险感知的因素大致归为四大类：事件特征因素、与个体关系因素、社会影响因素以及个体自身因素[⑤⑥]。里蒂斯瓦特（Rittichainuwat，2009）认为泰国服务业的决定性风险感知影响因素是恐怖主义和疾病（如SARS、禽流感），同时在危机期间的旅游，首次和重游者对旅游风险感知存在差异[⑦]。博阿基耶（Boakye，2011）研究发现旅游住宿安全中游客最主要的感知影响因素是犯罪[⑧]。陈毅清（2012）将影响体育旅游风险认知的因素归纳为主观因素（个性差异、知识经验、认知风险和认知收益、信息信任）和客观因素（风险特征、媒介传播）[⑨]。

---

①　Sonmez S F，Graefe A R. Determining future travel behavior from past travel experience and perception of risk and safety［J］. Journal of Travel Research，1998，37（2）：171.

②　Brunt P，Mawby R，Hambly Z. Tourist victimization and the fear of crime on holiday［J］. Tourism Management，2000，21（4）：417.

③　吴必虎，王晓，李咪咪.中国大学生对旅游安全的感知评价研究［J］.桂林旅游高等专科学校学报，2001（3）.

④　张进福.旅游安全感知的构成与测量研究［J］.旅游研究，2002（6）：45.

⑤　李锋.旅游安全感知及其影响因素研究［J］.旅游学刊，2008，23（9）：55.

⑥　孙多勇.旅游安全风险管理研究［M］.北京：经济科学出版社，2007.

⑦　Rittichainuwat B N. Responding to disaster：Thai and Scandinavian tourists' motivation to visit Phuket after the tsunami［J］. International Journal of Tourism Research，2009，11（3）：307.

⑧　Boakye K A. Tourists' views on safety and vulnerability：A study of some selected towns in Ghana［J］. Tourism Management，2011，32（2）：327.

⑨　陈毅清.体育旅游风险认知影响因素研究［J］.体育文化导刊，2012（8）：75.

此外，还有部分学者从其他多元视角来理解和分析旅游者安全感知的影响因素。一些学者关注到了旅游者自身文化背景可能对其安全感知产生的影响，认为不同文化背景的旅游者对风险的认知和接受程度可能不同，例如，一些文化强调个人主义和冒险精神，旅游者可能对风险的感知较低；而一些文化强调集体主义和安全稳定，旅游者可能对风险的感知较高。Reisinger 和 Mavondo（2005）从跨文化的角度研究了旅游者的风险感知和行为意图。他们发现，不同文化背景的旅游者在面对相同的风险情境时，其行为意图可能会不同[1]。一些旅游者可能更倾向于采取规避风险的行为，而来自另一些文化背景的旅游者可能更愿意接受风险并继续旅游。还有学者则强调了旅游同伴对于旅游者安全感知可能带来的影响，例如，Lepp 和 Gibson（2003）关注了旅游同伴对旅游者风险感知的影响。他们认为，与家人、朋友或其他熟悉的人一起旅游可以降低旅游者的风险感知，因为旅游者在心理上会感到更安全和有支持。相反，如果独自旅游或与不熟悉的人一起旅游，旅游者的风险感知可能会增加[2]。

三、安全气候

（一）安全气候的概念界定

安全气候这一表述最早来源于建筑和工程等相关领域，通常指的是工人对现场安全实践、政策和管理承诺的整体认知和态度，尤其是涉及高风险操作时的认知，直接关系到工人和项目的安全绩效。建筑领域因其作业环境复杂、事故风险高而成为安全气候研究的关键领域之一。通过对安全气候的关注，工程管理者能够在项目执行期间提升工人的安全意识，减少违规行为，并加强风险管理。建筑工程领域的安全气候通常包括多个维度，主要涉及管

---

① Reisinger Y, Mavondo F T. Cultural differences in travel risk perception［J］. Journal of Travel & Tourism Marketing，2005，20（1）：13.

② Lepp A, Gibson H. Tourist roles, perceived risk and international tourism［J］. Annals of Tourism Research，2003，30（3）：606.

理层对安全的支持和承诺、工人之间的安全互动、工作中的安全沟通以及现场的安全设备和操作规程。例如，工程管理人员在施工现场的监督和安全反馈，可以显著增强工人对组织安全的认同感，从而更自觉地遵循安全规程。实证研究表明，良好的安全气候能够有效减少工程中的事故率。Lingard 等（2010）在对澳大利亚建筑工地的实证研究中发现，积极的安全气候能够增强工人的安全遵从行为和团队合作意识，特别是在面对高强度和危险性较高的作业任务时，这种安全气候的正向作用更为显著。

此外，建筑工程领域还强调对安全气候的动态管理，因为工地环境和任务要求会频繁变化，这使得安全气候在项目不同阶段需要不同的管理策略。研究指出，通过不断地进行安全教育和评估，工程和建筑项目可以及时调整安全气候的内容，确保工人时刻保持对安全的高敏感度和高优先级。这种动态管理机制是建筑领域安全气候研究的主要特点之一，也是提升现场安全管理水平的重要途径。

以色列学者 Zohar（1980）最早提出将安全气候运用到管理学领域，目前管理学领域通常认为安全气候是组织成员对安全相关的政策、程序、实践和行为的共同认知和评价，反映了组织对安全的优先级和重视程度。Zohar（1980）在其研究中认为，安全气候是影响员工行为和组织绩效的重要因素[①]。具体来说，安全气候是员工对组织安全管理制度、管理者在安全方面的承诺、同事的安全行为等方面的共同认知。一个积极的安全气候能够鼓励员工遵守安全规程并主动参与安全活动，从而有效减少事故的发生。安全气候的好坏直接影响员工的安全行为，因此，提升安全气候被视为减少事故、提高安全绩效的关键路径。Zohar 认为它可以反映人们对安全的态度和沟通，可以用它来测量组织内部的安全管理以及用来量度和评价企业的安全文化。通过对员工发放安全气候问卷并对问卷数据进行回收和分析，可以了解企业层面的组织安全气候。许多发达国家如美国、英国等已采用安全气候工具测量员工的

---

① Zohar D. Safety climate in industrial organizations：Theoretical and applied implications［J］. Journal of Applied Psychology，1980，65（1）：96.

安全心理、行为等为企业的安全文化建设提供科学的参考依据。

安全气候这一概念后来逐渐被不同学者引申和扩散至其他领域，并且构建了安全气候在不同领域的评价体系。例如，我国台湾学者杜宏良（2007）[①]以及大陆学者唐丽雪等（2013）[②]都关注了安全气候在校园中的应用，认为师生对于校园安全以及灾害风险的整体知觉和评估即"校园安全气候"；张桂平（2013）对组织安全气候与安全绩效的内在关联进行了研究，发现组织内的安全气候是促进员工建言的重要因素，而员工建言能进一步促进组织的安全绩效的提升[③]；Gehlert等（2014）将安全气候引入交通领域，测量了1680名道路使用者对于"交通安全气候"的感知[④]。

（二）安全气候的特质

安全气候这一概念被引申到管理学领域之后，获得了众多学者的关注，也对这一概念的特质展开了分析。

1. 安全气候的多维特征

安全气候不是一个单一维度的概念，它是一个多维度的结构，通常包括管理的安全承诺、安全规程、安全激励、员工参与、安全沟通等多个方面。Griffin和Neal（2000）提出，安全气候的不同维度相互影响，共同决定了组织的整体安全氛围[⑤]。管理层的安全承诺和员工的参与度直接影响到组织内其他维度的发展，例如，安全规程的执行力度和安全激励措施的有效性。多维度的安全气候为员工提供了全面的安全保障，增强了员工的安全意识和遵从

---

① 杜宏良. 高中职学生对校园安全气候与安全绩效之知觉研究 [D]. 高雄：台湾中山大学，2007.

② 唐丽雪，方益权，沙非. 安全气候在校园安全建构中的作用初探 [J]. 湖北函授大学学报，2013，26（9）：38.

③ 张桂平. 组织安全气候对安全绩效的作用机制研究 [J]. 软科学，2013，27（4）：61.

④ Tina Gehlert, Carmen Hagemeister, Tuerker Ö zkan. Traffic safety climate attitudes of road users in Germany [J]. Transportation Research，2014，66B：326.

⑤ Griffin M A，Neal A. Perceptions of safety at work：A framework for linking safety climate to safety performance，knowledge，and motivation [J]. Journal of Occupational Health Psychology，2000，5（3）：347.

行为，因此，组织应从多个方面构建和维持积极的安全气候。

2. 安全气候的跨层级特征

安全气候不仅仅是组织层级的概念，它还具有跨层级特征，存在于组织层级、团队层级和个体层级上。Zohar（2000）强调，组织层级的安全气候可以影响团队层级的安全气候，而团队层级的安全气候又会影响个体层级的安全行为。每一层级的安全气候都会对员工的安全行为产生直接或间接的影响。举例来说，组织层级的安全气候通过制定政策和规章来影响团队安全气候，团队中的领导和同事的行为和态度则进一步塑造个体员工的安全行为。因此，为了提高安全绩效，组织需要从多个层级同步推动安全气候的建设。

3. 安全气候的动态性特征

安全气候并非一成不变，而是具有动态演化的特性。Kuenzi 和 Schminke（2009）提出，安全气候会随着时间的推移、事件的发生以及管理行为的变化而发生变化[①]。安全气候的动态性表现在，组织在面对突发安全事件、管理人员的变化或安全事故时，员工的安全感知和行为会随之变化。积极的安全气候需要不断地维护和调整，管理层应通过持续的沟通和安全培训来确保安全气候的稳定发展。安全气候的良好维持不仅取决于制度的完善，还依赖于组织不断强化对安全的关注与投入。

4. 安全气候的相关性特征

安全气候与组织文化、员工安全行为等因素具有密切的相关性。安全气候是组织文化的表层表现，反映了员工对组织中安全相关实践的即时感知。Zohar 与 Luria（2005）指出，安全气候是组织文化的一部分，通常表现为员工在日常工作中对安全事务的认知和反应。组织文化是长期形成的，而安全气候则是员工在短期内对组织安全管理行为的反应，因此安全气候的变化可

---

① Kuenzi M，Schminke M. Assembling fragments into a lens：A review，critique，and proposed research agenda for the organizational work climate literature［J］. Journal of Management，2009，35（3）：634.

以及时反映出组织在安全管理方面的短期表现[1]。组织文化影响安全气候，而良好的安全气候则有助于形成更健康的组织文化，二者相辅相成。

安全气候与员工的安全行为之间同样也存在着密切的关系。Christian 等（2009）通过元分析研究发现，积极的安全气候可以显著提高员工的安全遵从行为和主动安全行为。具体来说，员工如果感知到组织对安全的高度重视和积极的安全管理氛围，他们会更加自觉地遵守安全规程，并主动提出安全改善建议，甚至采取措施保护自己和同事的安全。反之，如果组织的安全气候消极，员工可能会忽视安全规定，甚至在面临风险时采取不安全的行为[2]。安全气候通过塑造员工的安全认知和动机，间接影响其安全行为和事故发生的概率。

5. 安全气候的差异性特征

不同的行业由于其固有的安全风险特性和管理策略的差异，导致其安全气候的内容和侧重点存在显著差异。Clarke（2006）指出，建筑、矿业、化工等高风险行业，其安全气候可能更加注重员工对危险源的识别和应急响应能力，而低风险行业的安全气候则可能更多关注员工的安全意识和日常规程的执行[3]。不同行业背景要求安全气候的构建策略有所不同。因此，理解行业特性并因地制宜地设计安全气候管理措施，对提升行业安全绩效至关重要。

四、旅游安全气候（Tourism Safety Climate）

（一）旅游安全气候的概念界定

本研究借鉴管理学领域对安全气候的理解，提出旅游安全气候这一概念，

---

① Zohar D, Luria G. A multilevel model of safety climate: Cross-level relationships between organization and group-level climates [J]. Journal of Applied Psychology, 2005, 90（4）: 616.

② Christian M S, Bradley J C, Wallace J C, Burke M J. Workplace safety: A meta-analysis of the roles of person and situation factors [J]. Personnel Psychology, 2009, 62（1）: 69.

③ Clarke S. The relationship between safety climate and safety performance: A meta-analytic review [J]. Journal of Occupational Health Psychology, 2006, 11（4）: 315.

其实质是安全气候在旅游情境下的延伸和应用。从广义上来讲，本研究认为旅游安全气候也是一个综合性概念，用来描述在特定旅游环境或旅游情境下，旅游活动所涉及的不同环节，由相关利益主体（如游客、从业人员、企业和政府）共同营造和感知的一种关于安全的氛围和环境，体现了这些利益主体对旅游安全保障和旅游风险管理的共同认知、态度、价值观以及行为规范等多个方面。这一概念不仅反映了目的地或机构在安全管理方面的实践水平，还体现了人们对这些实践的感知和满意程度。旅游安全气候是安全价值观在旅游领域的具体表现，直接影响游客的安全体验以及目的地的形象和竞争力。

从狭义上讲，本研究则认为旅游安全气候主要是旅游者对于某一特定旅游目的地是否安全而做出的整体评估与认知。换句话说，旅游安全气候是旅游者在具体的旅游环境中对"是否安全"的总体印象与心理体验，其实质是一种社会和文化结构的反映，体现了旅游目的地整体治理水平、服务能力与安全文化的综合状态。旅游安全气候涵盖了旅游目的地在安全氛围营造方面的多个不同维度，包括但不限于旅游目的地的硬件设施和软性服务、整体社会稳定程度和治安状况、当地居民对旅游发展以及外来旅游者的态度等。此外，旅游者对目的地安全氛围的认知还同时受到旅游者自身因素的影响。本研究主要从狭义层面，也就是从旅游者的视角对旅游安全气候进行分析。

（二）旅游安全气候的不同维度

1. 旅游安全气候的宏观维度

第一，政策与法规层面。

从宏观角度看，政策与法规是目的地旅游安全气候的重要基石。政府通过制定相关政策和法规，为旅游安全提供坚实的制度保障。一方面，旅游安全法规明确了旅游活动各参与主体的责任和义务。例如，对于旅游企业，法规要求其必须具备完善的安全管理制度，包括设施设备的定期检查、维护和更新等。在交通运营方面，严格规定旅游交通工具的安全标准，从车辆的技术状况到驾驶员的资质要求，都有详细的法律约束。这使得旅游活动在合法合规的框架内开展，保障游客的基本安全。

另一方面，政策引导在应对紧急情况时发挥关键作用。政府可以出台应急预案政策，当遇到自然灾害、公共卫生事件或其他突发安全事故时，这些政策能够指导旅游企业、当地社区和相关部门迅速采取行动。例如，在发生地震时，政府预先制定的地震应急预案会明确各方职责，包括救援队伍的组织、游客疏散路线的规划以及医疗救助的安排等，从而有效降低灾难对游客生命财产安全的危害，营造一个在危机中能够有序应对的旅游安全气候。

第二，社会文化环境层面。

社会文化环境对目的地旅游安全气候有着深远的影响。一个和谐、包容的社会文化氛围能够提升游客的安全感。当地居民的态度和行为是社会文化环境的直观体现。如果目的地居民热情好客、对游客友善，游客在陌生的环境中就会感到心理上的安全。例如，在一些欧洲小镇，当地居民对游客十分热情，主动提供帮助和建议，这种积极的互动使得游客能够轻松融入当地生活，减少因陌生感而产生的不安情绪。

文化传统也在一定程度上影响旅游安全气候。尊重不同文化背景游客的习俗和信仰，能够避免因文化冲突而引发的安全问题。例如，在一些宗教圣地，遵守宗教场所的规定和禁忌，不仅是对当地文化的尊重，也能防止因游客的不当行为而引发当地居民的反感或冲突。此外，社会的道德观念和价值取向也很重要。一个注重诚信和公平的社会环境，能够减少游客遭遇欺诈等不良行为的风险，如在旅游市场中，商家诚信经营，为游客提供货真价实的商品和服务，保障游客的消费安全。

第三，经济与基础设施层面。

经济发展水平与基础设施建设紧密相连，是目的地旅游安全气候的关键支撑。从经济层面看，经济较为发达的旅游目的地通常有更充足的资金投入旅游安全保障中。当地政府和企业能够有财力建设和维护高质量的旅游设施，如现代化的交通枢纽、安全舒适的住宿设施和先进的景区游乐设备。这些设施的良好运行状态能够直接减少因设施老化或故障引发的安全事故。例如，在经济发达的城市，机场的跑道维护和导航设备更新及时，能够有效降低航班事故风险。

基础设施建设的完善程度更是旅游安全气候的重要体现。交通基础设施方面，安全可靠的公路、铁路、港口等交通网络，能够确保游客安全、便捷地抵达目的地并在当地顺利出行。公共卫生设施的完备性也不容忽视，良好的饮用水供应系统、卫生的餐饮环境以及充足的医疗设施，能够预防和应对游客可能面临的健康安全问题。例如，在一些海滨旅游目的地，完备的污水处理设施可以防止海水污染，保障游客的水上活动安全；充足的医疗资源能够在游客遭遇突发疾病或受伤时提供及时的救治。

第四，社会法治与治安层面。

社会法治与治安状况在目的地旅游安全气候中起着至关重要的作用。健全的法律体系为旅游安全提供了有力的保障。明确的法律法规能够规范旅游市场的秩序，对旅游企业的经营行为进行严格约束。例如，法律可以规定景区必须配备足够的安全设施和人员，确保旅游者在游览过程中的安全。同时，对旅游服务提供商，如旅行社、酒店等，也有相应的法律规范，要求其提供真实、准确的信息，不得欺诈消费者，保障旅游者的合法权益。

治安状况直接影响旅游者的安全感。一个治安良好的旅游目的地，旅游者可以放心地在街头漫步、购物和参与各种旅游活动。当地警方的高效执法和巡逻力度能够有效震慑犯罪行为，为游客创造安全的旅游环境。例如，在一些旅游热门城市，警方加强对旅游景点、商业区等重点区域的巡逻，及时处理各类治安问题，让旅游者感受到切实的安全保障。

此外，快速有效的应急响应机制也是社会法治与治安层面的重要组成部分。当发生突发事件，如盗窃、抢劫或其他安全事故时，警方和相关部门能够迅速行动，进行调查和处理，为旅游者提供及时的帮助和支持。同时，法律对于违法犯罪行为的严厉惩处也能够起到威慑作用，减少潜在的安全风险。良好的社会法治与治安环境能够吸引更多游客前往目的地旅游，促进旅游业的可持续发展。

2. 旅游安全气候的微观维度

第一，旅游企业服务层面。

在微观层面，旅游企业的服务质量是目的地旅游安全气候的重要组成部分。旅游企业包括旅行社、酒店、景区等，这些企业与旅游者直接进行接触，提供旅游者在旅游过程中所需的各项服务。旅行社在安排旅游行程时，应充分考虑安全因素。例如，选择安全可靠的交通方式和住宿场所，向游客提供详细的安全须知和应急指南。如果旅行社在组织旅游活动时，能够对目的地的安全情况进行充分评估，并根据游客的特点和需求制定相应的安全措施，那么游客就会感受到更高的安全保障。酒店方面，应确保客房设施的安全，如消防设备的完好、门锁的可靠性等。同时，酒店员工应具备良好的安全意识，能够及时发现和处理安全隐患。例如，在客人入住时提醒客人注意消防安全和个人财物安全，提供紧急情况下的逃生路线和联系方式。景区则要加强对游乐设施的维护和管理，确保设施的安全性。设置明显的安全警示标识，配备专业的安全管理人员，对游客进行安全引导和监督。

第二，旅游从业人员素质层面。

旅游从业人员的素质同样是在微观层面构成目的地旅游安全气候的关键因素之一。旅游从业人员包括旅游过程中直接与旅游者接触并为其提供服务的各类人员。例如，导游作为旅游活动的重要组织者和引导者，应具备丰富的专业知识和安全意识。在旅游过程中，导游要时刻关注游客的安全状况，及时提醒游客注意安全事项，如在山区旅游时提醒游客注意防滑、在海边旅游时提醒游客注意海浪危险等。同时，导游还应具备应急处理能力，在遇到突发情况时能够迅速采取有效的措施，保障游客的生命财产安全。酒店员工、景区工作人员等也应具备良好的服务意识和安全意识。例如，酒店前台人员在为客人办理入住手续时，要注意核实客人的身份信息，防止不法分子混入酒店。景区工作人员要加强对景区的巡逻，及时发现和处理安全隐患，为游客提供安全的游览环境。

第三，旅游设施设备维护层面。

旅游设施设备的维护和管理是保障目的地旅游安全气候的重要基础。旅游设施设备包括交通设施、住宿设施、景区游乐设施等。交通设施的安全性直接关系游客的生命财产安全。例如，旅游大巴应定期进行维护和检查，确保车辆的性能良好。飞机、火车等交通工具也应严格遵守安全操作规程，确保旅客的安全。住宿设施的安全主要体现在消防设施、电气设备、卫生条件等方面。酒店应定期对消防设施进行检查和维护，确保在发生火灾时能够及时有效地进行灭火和疏散。电气设备应符合安全标准，防止发生触电事故。景区游乐设施的安全更是至关重要，景区应定期对游乐设施进行检测和维护，确保设施的安全性。

第四，旅游餐饮和卫生层面。

旅游餐饮和卫生状况对旅游者的旅游安全有着重大影响。在旅游过程中，餐饮是不可或缺的一部分，而食品的安全与卫生直接关系到旅游者的身体健康。旅游目的地的餐厅应严格遵守食品卫生法规，确保食材的新鲜度和来源可靠。当餐厅使用的食材不新鲜时，容易引发食物中毒等问题。餐厅的加工过程也应符合卫生标准，厨房环境整洁，工作人员操作规范，避免交叉污染。同时，餐厅应提供清晰的菜单，标明食品的成分和可能的过敏源，以便旅游者根据自身情况做出选择。

此外，旅游目的地的公共卫生设施也至关重要。酒店的卫生间应保持清洁，提供充足的卫生用品。景区的公共厕所同样需要定期清洁和消毒，为旅游者提供良好的卫生环境。此外，旅游目的地的环境卫生也会影响旅游者的安全感知。干净整洁的街道、没有垃圾和污水的景区，能让旅游者感到舒适和安全。相反，脏乱差的环境可能会滋生细菌和蚊虫，增加旅游者患病的风险。良好的环境卫生也有助于减少蚊虫等害虫的滋生，降低旅游者被叮咬后感染疾病的可能性。

3. 我国入境旅游情境下的旅游安全气候

基于前述内容，本研究认为我国入境旅游情境下的旅游安全气候可以被理解为：国际入境旅游者对中国作为旅游目的地的安全状况以及可能存在风险的综合感知和心理评估。国际入境旅游者进入我国后，在我国进行一系列的旅游休闲活动，与我国国民进行互动，充分感受我国作为旅游目的地的环境和风土人情。在这个过程中，国际旅游者也会依据其亲身经历而对我国的安全程度以及相关风险进行评估。这种评估不仅包括对我国作为入境旅游目的地安全管理和硬件设施的直观感知，还涉及对我国的社会环境、文化氛围以及接待态度的整体认知。由于国际入境游客通常对汉语语言、中国文化、社会环境等相对陌生，他们对中国旅游安全气候的敏感性会更强，评估也更加依赖具体的外部表现。

第五章

国际旅游者视角下的我国入境旅游安全气候

一、国际旅游者对我国入境旅游安全气候的总体感知

为了更深入地了解国际旅游者对我国入境旅游安全气候的感知，本研究在开展过程中，运用了多种途径收集和了解国际旅游者的评价和态度等相关信息。这些途径包括但不限于直接对入境我国的国际旅游者进行访谈、收集国际旅游者在各类网络平台发布的帖子和评论、筛选和分析国际旅游者在视频网站发布的中国旅游 Vlog（游记）、收集国际旅游者接受各类媒体采访时提到的相关内容，等等。通过这些途径，本课题组成功收集到了大量能够用于后续分析的数据。这些数据来源广泛、内容丰富，为深入研究国际旅游者的安全感知奠定了坚实的基础。

具体而言，本研究首先通过直接访谈的方式，对来自世界各地的国际旅游者的真实反馈进行了采集。访谈对象包括来自欧洲、北美洲、大洋洲等的游客，接受访谈的旅游者们在访谈中详细分享了他们在中国旅行时的安全体验。通过面对面的交流，研究团队能够直观地感受到访谈对象对中国安全环境的实际感知，尤其是对社会治安、社会氛围、交通设施、医疗服务等方面的具体评价。此外，研究团队还通过多个社交媒体平台，如 TripAdvisor、Twitter、小红书等，收集了大量国际旅游者的在线评论。游客在这些平台上发布的帖子、分享的旅行经历以及他们的评论，不仅反映了他们的主观感受，还为研究提供了更多维度的数据支持。

除了在线评论和访谈，本研究还特别关注了国际旅游者在视频平台上分享的内容。如今，越来越多的国际游客通过 YouTube、Bilibili 等平台分享他们的旅行 Vlog。在这些视频中，游客们通常会展示他们在中国旅游期间的所见所闻。这些视频不仅包括他们在中国参观的知名旅游景点的展示，还包括自己在中国的安全感受，例如治安良好、交通便利、遇到问题时能够迅速获得帮助等。通过分析这些 Vlog，研究团队能够更深入了解游客的真实想法和感受，尤其是他们在实际体验后对中国入境旅游安全气候的全面评价。

　　同时，课题组还关注了媒体对我国入境旅游以及国际旅游者的相关报道。许多国际旅游者在接受媒体采访时分享了他们在中国的旅行体验，这些采访内容反映了他们对中国安全环境的认知。尤其是在一些大型国际事件或特殊安全事件发生后，媒体报道中常常涉及游客对中国治安、应急响应等方面的评价。这些来自游客的第一手资料，帮助研究团队进一步理解国际旅游者对中国入境旅游安全气候的总体态度和看法。

　　通过上述多途径的收集，本课题组获得了丰富的、具有代表性的数据，这为后续分析提供了有力的支持。在数据收集完成后，课题组继续采用扎根理论、内容分析等方法，对国际旅游者如何感知我国作为入境目的地的旅游安全气候进行了深层次的研究。扎根理论是一种质性研究方法，通过对大量数据的开放式编码，帮助研究人员提炼出核心主题和模式。在这一过程中，研究团队仔细分析了游客在访谈、评论和视频中的表达，尝试从中提炼出与安全相关的关键维度。

　　研究发现，国际旅游者在入境我国并亲身体验了在我国的生活后，总体上对我国的入境旅游安全气候持非常积极和正面的态度。许多国际游客在评论中表达了他们对中国的安全感受，常见的表述包括"非常安全""没有小偷和抢劫""晚上也可以放心出门""女性独自出行也非常安全"等。这些表述显示了国际旅游者对中国社会治安状况的高度认同，虽然他们在来中国之前对中国的旅游安全非常忧心，但是真正来到中国之后，中国的实际治安状况令他们感到惊讶和放心。

　　此外，还有许多国际游客在他们的旅行日志和评论中提到，自己在中国的实际旅行体验与西方媒体对中国的负面报道大相径庭。有些游客直言"中国完全没有像西方媒体宣传的那样危险，反而非常安全"，这也反映了国际旅游者对中国入境旅游安全气候的真实看法。事实上，大量数据表明国际游客通过来中国旅游的亲身体验发现，中国不仅不像某些西方媒体描述的那样存在治安问题，反而治安良好，公共安全措施十分到位，这使他们在旅行过程中感到非常安心。这种积极的态度也在游客的实际行为中得到了体现。例如，许多游客表示在中国的城市可以放心外出，即便是深夜也能毫无顾虑地走在街头。这在其他许多国家完全是无法想象的事儿，有来自美国的游客在接受采访时表示，"在美国的洛杉矶、纽约这些大城市，别说晚上，就算白天去一些地方都非常不安全，可能被抢劫，甚至被枪击"。然而在中国，国际游客们普遍认为无论白天还是夜晚，公共场所的安全性都非常高，这无疑为游客创造了更为舒适和愉快的旅行体验。

在了解国际旅游者对我国入境旅游安全气候的总体态度基础上，课题组对相关数据进行了进一步分析，特别是对国际旅游者眼中构成我国良好入境旅游安全气候的具体维度进行了解构。

二、我国入境旅游安全气候的构成：社会治安与公共环境

（一）人身安全

根据课题组对相关数据的深入分析与研究发现，来到中国的国际旅游者对自己在中国的人身安全给予了高度的认可与肯定。他们一致认为，在中国这片广袤的土地上，自身的人身安全能够得到最充分的保障。

中国，作为一个拥有悠久历史和灿烂文明的东方大国，以其独特的魅力吸引着来自世界各地的国际旅游者。对于这些远道而来的游客而言，安全是他们最关注的问题之一。而在中国，只要他们遵守中国的法律法规，便可以自由地穿梭于中国的城市和乡村之间，尽情地感受中国那迷人的自然风光和别具一格的城市风貌。

中国的社会治理成效显著，这一点在国际旅游者的眼中显得尤为突出。当他们将中国与其他国家进行对比时，更会深刻地体会到中国社会的稳定与和谐。无论是在繁华热闹的城市，还是在宁静质朴的乡村，人们的生活都井然有序。城市中，高楼大厦鳞次栉比，街道宽敞整洁，交通秩序有条不紊。人们忙碌而充实，脸上洋溢着幸福的笑容。在乡村，青山绿水环绕，田园风光美不胜收，村民们安居乐业，邻里之间和睦相处。这种和谐稳定的社会环

境，为国际旅游者提供了一个安全、舒适的旅游氛围。

国际旅游者尤其提到，中国对枪支、毒品等危险物品的管控力度堪称典范，并且管控非常成功。在许多国家，枪支泛滥和毒品问题一直是困扰社会安全的重大难题。然而，在中国，严格的法律制度和有力的执法措施使得枪支和毒品问题都得到有效的控制。正因为如此，在中国旅游的时候，国际旅游者完全看不到流浪汉和瘾君子的身影。这让他们在游览中国的过程中，无须时刻担忧自身的安全问题。每一天，他们都可以放心地出门探索中国的每一个角落。哪怕是在一些比较偏僻的地方，他们也不用担心会被攻击。这种安全感，让他们能够全身心地投入旅游的乐趣之中，尽情地领略中国的美丽风光。

此外，在中国的很多著名景点或者地标性建筑附近，都能看到警察在认真地巡逻。他们身着整齐的制服，英姿飒爽，给人一种强烈的安全感。这些警察不仅维护着景区的秩序，还时刻关注着游客的安全。国际旅游者对中国警察的印象非常深刻，他们遇到的警察都非常有礼貌和友好。当他们遇到困难的时候，只要向警察求助，都能够得到及时而有效的帮助。这种贴心的服务，让国际旅游者在中国的旅游过程中倍感温暖。

在进入景区时，严格的安检措施也让国际旅游者感到非常安心。安检人员认真负责，对每一位游客进行仔细的检查，确保景区内的安全。这一举措有效防止了危险物品的进入，为游客们创造了一个安全的游览环境。国际旅游者深知，这些安检措施虽然可能会花费一些时间，但为他们的人身安全提供了重要的保障。他们愿意积极配合安检工作，共同维护景区的安全。

（二）财物安全

在当今世界，许多国家正面临着日益严峻的社会治安问题，其中偷盗和抢劫已成为极为普遍的社会性难题。在这些国家里，人们哪怕只是稍有疏忽，就可能遭遇财物被盗的困境，更有甚者，还会不幸地碰上性质极其恶劣的抢劫事件。这种不安定的社会环境给当地居民以及游客都带来了极大的困扰和风险。不少中国游客在出境旅游时，也会遭遇财务损失问题。他们满怀期待地踏上异国之旅，却可能在不经意间就成了偷盗或抢劫的受害者，财物的损失不仅给他们的旅行蒙上了一层阴影，更让他们对这些国家的治安状况和自己的安全深感担忧。

然而，对于来到中国的国际游客而言，情况却有着天壤之别。他们在这里完全无须为财物安全而忧心忡忡。一对来自法国的夫妇，在发布的中国旅游 Vlog 中，生动地记录了对中国印象的戏剧性转变。在来中国之前，他们如同许多对中国缺乏了解的外国人一样，心中充满了对中国治安状况的疑虑和担忧。毕竟在他们的认知里，一些西方国家的治安问题已经让他们形成了一种惯性思维，认为其他国家可能也存在着类似的安全隐患。

当他们刚刚抵达中国，从机场乘坐地铁前往市区的时候，内心的不安更是达到了顶点。他们紧紧地将放有钱包和护照的随身包搂在怀里，仿佛那是他们在这个陌生国度里唯一的安全寄托。他们的眼神中透露出警惕和不安，时刻留意着周围的人群，生怕稍有不慎就会遭遇财物被盗的情况。

然而，随着他们在中国生活的逐渐展开，他们的看法发生了翻天覆地的变化。他们开始惊喜地发现，在中国，根本无须担心财物安全。在他们停留的这段时间里，无论是在繁华的商业街，还是在宁静的小巷弄堂，根本没有小偷的存在。无论是在人来人往的地铁站，还是在热闹非凡的旅游景点，他们都能安心地享受自己的旅程，而不必时刻警惕着自己的财物。

随后，他们开始用心去感受中国的每一个角落，去体验这个国家的独特魅力。他们发现，中国的城市充满了活力和生机，人们忙碌而有序地生活着。街道上干净整洁，交通秩序井然。商店里，顾客们愉快地购物，商家们热情地服务。公园里，老人们悠闲地散步，孩子们欢快地嬉戏。在这样一个和谐美好的环境中，他们感受到了前所未有的安心和舒适。根据他们的亲身经历，他们深刻地认识到，当前中国的犯罪率极低，这里的人们遵守法律，尊重他人，共同营造出了一个安全、稳定的社会环境。他们可以放心地在中国旅游和生活，尽情地探索这个古老而又现代的国家。

另外一位来自意大利的视频博主怀着一种好奇和挑战的心态，在中国做了一个大胆的实验。他把自己价值一万多元人民币的电脑故意放在咖啡厅的桌子上，然后离开去商场逛了一个多小时。在这漫长的一个多小时时间里，他的内心充满了忐忑和不安，他不断地想象着各种可能的情况，不知道自己的电脑会不会被拿走。毕竟，在他的国家或者其他一些国家，可能人刚刚走开几分钟，电脑就会被不法分子迅速偷走。然而，当他回到咖啡厅的时候，眼前的一幕让他惊讶得合不拢嘴。他发现电脑完好无损地放在桌子上，就像他离开时那样。他简直不敢相信自己的眼睛，这种情况在他的认知里是如此的不可思议。他开始反思自己对中国的偏见和误解，认识到中国的社会治安状况远远超出了他的想象。

同样的观点也频繁地出现在课题组与很多国际旅游者的交流中。大家纷纷表示：在中国，没有小偷，更没有抢劫犯。大家根本无须担心自己的钱包、电脑或者行李被偷，因为中国就是这样一个安全的国家。

（三）夜间安全

除了对人身安全和财物安全的感知，中国的夜间环境与良好的治安也得到了非常多国际游客的高度认可，这种认可源自他们在中国的亲身经历以及与其他国家的对比中所产生的深刻感受。在当今世界，许多国家的夜晚往往被视为充满危险的时段。夜幕降临后，街道上行人稀少，黑暗笼罩着城市的各个角落，给人一种不安和恐惧的感觉。然而，在中国，情况却截然不同。中国城市的夜晚，仿佛是一幅充满活力和生机的画卷。街道上依然有很多人，他们或是散步，或是购物，或是享受美食，每个人都在尽情地享受着夜晚的美好时光。灯火通明的街道，如同白昼一般，照亮了人们前行的道路，也驱散了心中的恐惧和不安。

治安状况良好，是中国夜晚的一大特色。一位来自欧洲的游客在其发布的网络评论里提到，在中国他不需要担心晚上出门会遇到危险，因为警察会负责保障大家的安全。在中国，警察的身影无处不在。他们或是在街头巡逻，或是在重要场所站岗执勤，时刻守护着人们的安全。无论是繁华的商业街，还是宁静的小巷，都能看到警察们忙碌的身影。他们的存在，就像一座座坚实的堡垒，为人们提供了最可靠的安全保障。

此外，城市中的公共场所如夜市、酒吧等也都秩序井然。夜市，作为中国夜晚的一道独特风景线，吸引了无数游客前来体验。这里汇聚了各种各样的美食、手工艺品和娱乐活动，人们可以在这里尽情地娱乐和消费。夜市的摊主们热情好客，商品琳琅满目，价格合理。游客们可以在这里品尝地道的中国美食，感受到中国传统文化的魅力。酒吧则是年轻人放松身心的好去处，这里音乐悠扬，气氛热烈，人们可以在这里尽情地释放自己的压力。无论是夜市还是酒吧，都有严格的管理和安全保障措施，人们可以在这里放心地享受夜晚的欢乐时光，而不必担心会遭遇抢劫、暴力等不安全因素。

在课题组与国际旅游者的交流过程中，大家基本都提到了中国的夜晚非常安全，哪怕是半夜也可以自由地出行，而这一点在其他多数国家是难以想象的。一位来自美国的旅游者向课题组成员提及，"我完全没有想到晚上也可以出门逛街，因为在我的家乡，晚上出门意味着极大的风险，甚至生命安全都无法保障。但是在中国，晚上我出门逛了夜市，我可以半夜还在外面，非常自由"。这位美国游客的话，深刻地反映了中国夜晚的安全与自由。在美国，夜晚的街道往往充满了危险。犯罪率高，枪击事件频发，人们不敢轻易出门。即使出门，也会时刻保持警惕，担心自己会成为犯罪的受害者。而在中国，人们可以毫无顾忌地享受夜晚的美好时光，这种自由和安全，让国际游客感到无比的羡慕和惊叹。

还有一些已经结束了中国的旅游行程返回自己国家的外国网友在网络上留言，表示非常想念中国安全的夜晚，在他们的国家晚上只能待在家里，无法外出。这些外国网友的留言，充分体现了他们对中国夜晚安全的留恋和不舍。在中国的旅游经历，让他们深刻地感受到了安全的重要性。在中国，他们可以在夜晚自由地出行，不用担心会遭遇危险，而回到自己的国家后，他们不得不面对夜晚的危险和不安，只能待在家里，不敢出门。这种对比，让他们更加珍惜在中国的美好时光，也让他们对中国的夜晚安全充满了向往和怀念。

（四）女性安全

课题组在研究中还发现，外国的女性旅游者普遍认为，中国是一个对女性非常友好的旅行目的地，在安全性方面表现尤为突出。当今世界上许多国家的女性在日常生活中面临着诸多安全隐患。在一些治安状况不佳的地区，女性在夜晚独自出行往往需要极大的勇气，甚至可能遭遇骚扰、抢劫、强奸甚至被杀害等危险。比如，在一些犯罪率较高的国家，女性在公共场合常常会成为犯罪分子的目标。夜晚的街道对于女性来说充满了不确定性，她们需要担心自己的人身安全和财物安全。在一些中东国家，由于文化和社会因素的影响，女性的行动自由受到一定限制，外出旅游时也可能面临各种不便和潜在的风险。

与其他国家女性在旅行中可能遭遇的安全问题相比，中国的情况大不相同，中国为女性旅行者提供了更加稳定、安心的环境。无论是独自旅行还是与朋友结伴，中国的社会治安、公共设施以及文化环境都让女性游客感到舒适和安全。外国女性旅游者纷纷表示，在中国旅游时，她们从始至终都能感受到强烈的安全感。无论是在繁华的大都市还是宁静的乡村小镇，女性都可以自由地探索和享受旅行的乐趣。

与某些国家的高犯罪率相比，中国的公共场所几乎没有抢劫、袭击、性骚扰等暴力事件的发生。尤其是在许多大城市，如北京、上海、广州等地，女性游客即使在深夜外出也能感受到高度的安全感。英国游客安娜（化名）在旅行博客中写道："在中国旅行期间，我经常晚上独自外出探索城市，不管在地铁站或夜市中，我从未感到害怕。街道上巡逻的警察和整洁有序的环境让我完全放心。"一位来自美国的女性旅游者分享了她在中国的旅游经历："我在中国旅行了一个月，去了很多地方。在这期间，我从未感到过不安全。无论是在大城市还是小乡村，我都能自由地行走，享受美食和风景。我可以在夜晚去夜市品尝各种小吃，也可以在白天去博物馆感受中国的历史文化。这种自由和安全是我在其他国家旅游时从未体验过的。"这种安全感是许多女性游客在其他一些国家难以体验到的。

中国的文化环境对女性旅行者也非常包容。外国女性游客普遍认为，中国人在公共场合对女性表现出高度的尊重和礼貌。与一些国家街头可能出现的骚扰和嘲讽不同，中国的大多数公共场所都秉持对女性的礼貌和友好态度。来自加拿大的旅行者杰西卡分享道："我在中国旅行的过程中，几乎没有遭遇过性骚扰或不尊重的言语，而在某些国家，即使在城市中心的街道上，陌生人也可能对你吹口哨或发出挑衅的言语。中国的文化让我感到轻松自在。"中国社会对女性的尊重和关爱也让外国女性旅游者印象深刻。在公共场合，人们普遍遵守文明礼仪，尤其非常关爱女性权益。无论是在交通工具上还是在旅游景点，女性都能得到应有的尊重和照顾。例如，在地铁和公交车上，人们会主动为女性让座，尤其是孕妇和老人。这种文明的行为体现了中国社会的良好风尚，也让外国的女性旅游者们感受到了安全、温暖和关怀。

三、我国入境旅游安全气候的构成：风土人情与社会氛围

（一）善良友好的中国人民

对来到中国的国际旅游者来说，中国人民给他们留下了非常深刻的印象。在与课题组的交流中，很多受访者都提到了他们非常喜欢在中国遇到的当地人，认为中国人都很热情友好，真诚善良，愿意跟外国旅游者积极互动，也非常乐于为国际旅游者提供帮助。具体的表现有以下三方面。

首先，国际旅游者在来到中国后都感受到了中国人的善良和真诚，乐于提供帮助。许多外国游客提到，当他们在中国遇到困难或困惑时，中国人总是主动伸出援手，给予帮助。无论是问路、寻找餐厅还是了解当地的文化习俗，中国人都会耐心地解答，并尽力提供准确的信息。这种善良和友好让外国旅游者感到格外温暖，仿佛置身于一个大家庭中。一位来自欧洲的游客表

示："在中国，人们总是微笑着迎接我们，让我们感受到了真正的友谊和关怀。"另一位英国游客也向课题组提到了他在中国获得的真诚和耐心的帮助，这位游客到达中国机场后想要搭乘地铁，但是完全不会操作地铁票的自助售卖机。正在他不知所措的时候，一位中国人主动过来用英文询问他是否需要帮助，在得知他的需求之后，这位中国小伙子主动帮助他购买了地铁票，并且耐心地把他送上正确的地铁线路。这番热情而耐心的帮助让这位英国游客在最初踏上中国土地之时就感受到了中国的友好，打消了他的顾虑。

其次，中国人民也非常热情好客。中国人乐于与外国人交朋友，分享自己的生活和故事。他们欢迎外国人参与各种文化活动和社交场合，让外国旅游者能够更好地融入中国社会。一位来自加拿大的青年游客提到：在来中国之前，他的父母提醒他一定要非常小心，不要跟中国人进行太多互动，以避免可能发生的危险。然而来到中国之后，他发现不管在哪个城市，他遇到的中国人都很热情友好。当他走在中国的道路上，很多中国人会主动跟他招手、微笑，当他在餐厅用餐不会点菜的时候，旁边桌子的中国顾客会主动过来帮忙介绍。还有外国视频博主在旅游 Vlog 里记录了自己在一个中国的公园里跟普通中国人的互动，这位博主在公园的草地坐下感受中国公园的美景，旁边几位中国女士非常热情地招呼他一起喝茶吃水果，大家一起度过了非常愉快的下午。

最后，中国人表现出的尊重、包容，也给外国旅游者留下了深刻印象。中国人尊重不同国家的文化和习俗，不会因为对方是外国人而产生偏见或歧视。在与外国人交流时，中国人会认真倾听他们的观点和想法，尊重他们的选择和决定。这种尊重让外国旅游者能够更加自由地表达自己，也让他们更加愿意深入了解中国文化。一位来自非洲的游客说："在中国，我感受到了真正的尊重。人们不会因为我的肤色或国籍而对我另眼相看，这让我非常感动。"同样，另一位来自英国的黑人视频博主也感慨，来到中国后他完全没有感受到任何种族歧视，他遇到的所有的中国人都对他非常尊重和热情。此外，中国人也能够包容外国人在文化和生活习惯上的差异，不会因为一些小的差异而产生矛盾或冲突。一位来自美洲的游客感慨道："在中国，我结交了很多好朋友。人们非常友好和包容，让我感受到了家的温暖。"

总的来说，国际旅游者在与中国人交流和互动的过程中，深刻感受到了中国人的热情好客、尊重、友好和包容。这种积极的态度让外国旅游者对中国留下了美好的印象，消除了外国旅游者内心对于陌生国家的不安和焦虑，为他们营造了浓厚的安全感知。

（二）和谐稳定的社会氛围

中国拥有的和谐而稳定的社会氛围也是国际旅游者对中国入境旅游安全气候的重要感知维度，这一维度主要表现在以下四个层面。

第一，很多国际旅游者在亲身体验了中国的生活之后，都感受到了中国所具有的宁静祥和的整体氛围。例如，在与课题组的交流中，很多外国受访者都提到，他们经常看到很多中国居民会一起在中国公园里唱歌、跳舞或进行太极拳等体育运动。大家的表情都非常享受，一起欢笑，整个公园的氛围都非常欢乐。还有一些旅游者提到，当他们走入普通的居民社区时，会看到一些居民在家门口闲坐聊天或者下棋打牌。这种充满生活气息且和谐的场景，让国际旅游者深刻感受到了中国人民对生活的热爱和满足，也让他们体会到了中国社会的稳定与安宁。在这里，人们享受着平凡而又美好的生活，没有纷争与喧嚣，只有宁静与祥和。

第二，国际旅游者还提到了中国公共场所的安静和秩序。中国作为世界上人口最多的国家之一，公共场所却井然有序，哪怕是处于上下班高峰时期的地铁或公交车，大家都非常安静和有序。人们自觉排队，尊老爱幼，为有需要的人让座。在公共交通工具上，很少听到大声喧哗的声音，大家或是静静地看着手机、书籍，或是闭目养神，为即将开始的一天或结束的忙碌做好准备。这种秩序不仅体现了中国人民的高素质，也为国际旅游者提供了一个舒适的出行环境。他们不用担心拥挤和混乱，能够安心地享受在中国的旅程。

第三，中国的商业场所也展现出了和谐稳定的氛围。商场、超市、餐厅等地方，服务人员热情周到，顾客们文明购物。无论是在繁华的商业中心还是在街边小店，都能感受到一种积极向上的商业氛围。商家们诚信经营，注重产品质量和服务水平，为顾客提供良好的购物体验。国际旅游者在这里可以放心地购物、品尝美食，不用担心遭遇欺诈或不良服务。他们可以尽情地探索中国的特色商品和美食文化，感受中国商业的活力与魅力。

第四，国际旅游者还认为中国的社会整体是一个非常遵纪守法且高素质的社会。尤其让国际旅游者感到难以置信的是中国的快递、外卖的安全性。一些旅游者向课题组非常惊讶地感叹：中国的快递和外卖自提场所居然完全不设防，没有被锁起来，甚至没有人看管。快递员仅仅是把快递或者外卖往货架上一放就离开了，而那些摆满快递和外卖的货架可能设立在主路旁边，但是没有任何人会随意偷拿别人的东西。还有一些居民家门口也放着快递，但同样不会被偷拿，大家都非常自觉，而这一点在其他国家真的是难以想象的。

（三）充满正能量的中国青少年

在课题组展开研究的过程中还发现，充满正能量的中国青少年也给国际旅游者留下了极为深刻的印象，成为构筑国际旅游者对中国入境旅游安全气候的重要内容。总体而言，国际旅游者认为中国青少年身上正能量极为显著，尤其是在与世界上一些国家青少年犯罪状况频发的对比中显得尤为突出。具体表现在以下三方面。

首先，当外国游客踏上中国这片土地时，他们很快被中国青少年在公共场合所展现出的礼貌真诚所吸引。在公交车和地铁等公共交通工具上，时常能看到中国青少年主动为老人、孕妇以及行动不便的人让座。他们的脸上洋溢着真诚的笑容，眼神中透露出对他人的关心和尊重。这一小小的举动，不仅体现了尊老爱幼的传统美德，更反映出中国青少年内心深处的善良和同理心。还有一些外国游客向课题组提到，他们遇到的很多中国青少年会主动跟外国游客打招呼，每个青少年的脸上都挂着真诚的微笑，打消了外国游客心中的戒备和顾虑。

其次，一些细心的外国游客还惊讶地发现，中国青少年具有令人钦佩的勤奋好学的品质。在图书馆和博物馆等文化场所，中国青少年安静地阅读书籍、欣赏展品，他们遵守场所的规定，不喧哗、不打闹。他们专注的神情和认真的态度，仿佛在与知识和文化进行一场深入的对话。他们对知识的渴望和对文化的尊重，让外国游客感受到了中国青少年身上所散发出来的浓厚的学习氛围和文化底蕴。这种对学习的热情和努力，让外国游客深刻地认识到中国青少年有着明确的目标和追求，他们为自己的未来积极奋斗，努力提升自己的能力和素质。

最后，中国青少年的社会责任感也给外国游客留下了深刻的印象。一些外国游客在中国街头游览时，看到很多中国的青少年学生积极进行环保宣传、从事义务劳动等，为社区的整洁和美丽贡献自己的力量。例如，一位来自德国的旅游者向课题组提到，"在一个居民区里，我看到很多中国的中学生正在帮助这里的居民清扫街道，他们都干得非常开心。我认为这些孩子用自己的实际行动诠释了社会责任感的含义，展现了中国青少年的担当和奉献精神"。这种社会责任感不仅让外国游客感受到了中国青少年的善良和爱心，也是构筑目前中国良好社会氛围和入境旅游安全气候的重要因素。

相比之下，在一些国外地区，青少年犯罪问题较为突出，给社会带来了极大的不稳定因素。这些地区的青少年可能因为家庭问题、社会环境、教育缺失等原因，走上犯罪的道路。他们可能参与盗窃、抢劫、暴力等违法犯罪活动，给他人的生命和财产安全带来严重威胁。这种现象不仅让当地居民感到担忧和恐惧，也让外国游客对这些地区的社会治安状况感到失望。

国际旅游者认为中国在青少年教育方面的成功经验值得借鉴，他们真切感受到了中国培养的这些谦逊礼貌、积极向上的青少年让中国的整体社会氛围变得更加美好。对于国际旅游者而言，他们也可以毫无顾虑地跟中国青少年互动，而不用像在其他一些国家那样，担心会被青少年伤害。他们看到了中国政府、家庭和社会对青少年教育的高度重视，以及为培养有责任感、有道德、有才能的下一代所做出的努力。他们也希望自己国家的青少年能够学习中国青少年的优秀品质，共同为创造一个更加美好的世界而努力。

四、我国入境旅游安全气候的构成：食品安全与医疗健康

（一）新鲜食材与制作安全

中国的餐饮文化源远流长，中餐更是在世界范围内享有盛誉。课题组在调研过程中也发现，入境的国际旅游者对中国丰富而新鲜的食材和特色的烹饪技法印象深刻。事实上，国际旅游者在与课题组的交流中也提到，在中国就餐让他们很有安全感。一方面，这是因为中国的餐饮烹饪非常重视食材的新鲜程度，游客不用担心会因为吃到不新鲜的食材而出现健康问题；另一方面，他们非常赞赏烹饪过程的公开透明，让国际旅游者感到非常安心。

国际旅游者肯定了中国餐饮中所使用的新鲜的食材。近年来，中国各地的菜市场从百姓的寻常生活中走入了旅游者的视线，很多外国游客十分乐意走进中国的菜市场，体验当地人的生活。有来自英国的游客对课题组提到，"我去了北京的一个菜市场，那是一个充满生活气息和活力的地方。各种新鲜的食材琳琅满目，仿佛是一幅色彩斑斓的画卷"。外国游客们在菜市场里可以亲身感受中国人对食材新鲜度的执着追求。在中国的菜市场里，清晨时分，菜农们就会将刚刚采摘下来的蔬菜整齐地摆放出来，蔬菜鲜嫩的绿叶上还挂着晶莹的露珠。水果摊上各种时令水果散发着诱人的香气，色泽鲜艳，让人垂涎欲滴。无论是红彤彤的苹果、黄澄澄的香蕉，还是水灵灵的葡萄，都让人感受到大自然的馈赠和中国人对美食的热爱。还有一些游客提到，他们在一些餐馆就餐时，能够看到厨师直接从水箱中把鱼虾等鲜活的食材取出，然后在厨房进行烹饪，这种对新鲜食材的极致追求让外国游客感到惊讶和由衷的欣赏。来自澳大利亚的游客玛丽在回忆起她在中国的经历时感慨万分："我在中国的菜市场看到许多食材是当天现采现卖的，水果和蔬菜看上去都比在澳大利亚的超市要新鲜。"

此外,外国游客们还发现中国的食材不但新鲜,种类也丰富多样。中国地大物博,不同地区有着各自独特的食材资源和饮食文化。来自德国、荷兰、英国的数位游客在与课题组的交流中都表示很喜欢逛中国的菜市场,因为他们可以在那里认识各种从来没见过的蔬菜、水果等食材。比如,有游客提到了形状奇特的菱角、鲜嫩的茭白、口感脆爽的鲜藕、香甜的马蹄等。这些丰富多样的食材让外国游客们大开眼界,也让他们对中国的饮食文化充满了好奇和探索的欲望。

除此以外,很多外国游客提到中国食品的制作流程让他们很有安全感。中国的许多餐厅为了让顾客吃得放心,采取了各种方式展示食品的制作过程。很多餐厅的厨房是向食客们公开可见的,例如,一些餐厅采用了透明玻璃进行隔断,这样既不影响厨房的操作,又能让顾客清楚地看到厨房内的情况。透过玻璃,顾客可以看到厨房内的整洁环境、摆放有序的厨具和新鲜的食材,还能看到厨师们身着整洁的工作服,戴着帽子和口罩,严格遵守卫生规范,认真处理每一道食材,精心烹饪每一道菜肴,让顾客们亲眼见证美食的诞生过程。还有一些餐厅则是在用餐区域安放了电视屏幕,直接向客人们直播厨房内的场景。即使顾客坐在座位上,也能随时了解厨房的动态,确保食品的制作过程安全可靠。这种公开透明的制作方式,让外国游客对中国食品的安全有了更直观的感受。不用担心食品的制作过程中会存在不卫生或不安全的因素,而是可以放心地享受美食带来的愉悦。

总之,中国食品的新鲜度和制作安全给外国游客留下了深刻的印象。从菜市场的新鲜食材到餐厅的公开制作过程,都体现了中国人民对美食的热爱和对食品安全的重视。这种对食材新鲜度的追求和对制作安全的保障,不仅让外国游客品尝到了美味的食物,也让他们在内心充分构筑起对中国食品安全的信心,让他们在中国的旅游体验更加圆满和安心。

(二)有效的食品安全监管

近年来中国在食品安全监管方面采取了一系列措施,不断提高食品从生产、加工到销售的全链条监管水平。在本研究开展过程中，课题组也发现有非常多的国际旅游者关注中国在食品安全监管方面做出的举措，并且认为这些措施能够有效提升他们在中国旅游和生活的安全感。最令国际旅游者印象深刻的食品安全监管主要体现在国家层面的立法、食品检验技术和监管的执行力度三个层面。

首先，很多国际旅游者都关注到了中国国家层面对于食品安全监管的法律框架制定。例如，部分外国游客在其发布的网络评论、视频中提到了《中华人民共和国食品安全法》的颁布和修订，这部法律明确规定了食品从生产、加工到销售的全链条监管责任，并对违反食品安全规定的行为施以高额罚款乃至刑事责任等重罚。外国游客认为，《中华人民共和国食品安全法》的颁布和修订这一举措对中国政府提升食品安全监管水平，具有里程碑式的意义，能够在很大程度上提升中国国民和入境中国的国际游客在食品方面的安全感。

其次，一些外国游客对中国在食品安全检验技术方面的快速发展印象深刻。他们注意到，中国许多大型超市、餐厅和生产企业使用了现代化的食品检测技术。例如，某些超市内设置了快速检测站，可以对农药残留、重金属等进行快速检测，部分结果甚至能在几分钟内出具。这种高效的技术手段让游客相信，中国的食品监管体系越来越科学化、现代化，也在极大程度上提升了外国游客对中国食品安全方面的信心。

再次，目前中国各地对于食品安全监管的执行力度也获得了国际旅游者的认可和赞誉。许多外国游客发现，中国的食品销售在安全监管落实方面采取了非常细化的管理措施。无论是大型超市还是社区的小型食品商店，食品的摆放都整齐有序，标签清晰明确，注明了食品的成分、生产日期、保质期等重要信息。市场监管部门会定期对各类食品销售场所进行检查，确保食品在储存和销售过程中没有受到污染和变质。外国游客们在超市购物时，会看到工作人员认真地检查货架上的食品，及时清理过期或有问题的食品。他们还注意到，中国的大型超市里均设有专门的食品安全咨询台，为消费者提供有关食品安全的知识和解答疑问。

外国游客还提及目前中国很多超市、菜场等均采用了食品溯源系统，顾客通过扫码就可以非常便捷地了解食品的产地、生产日期、检验报告等信息。此外，针对食品冷链运输过程，可视化监管技术也正在普及。部分外国游客已经体验到了下单食品之后，可以通过相关 App 实时看到自己所购买食品的位置、冷链车内的存储温度等数据，进一步增强了他们对食品新鲜度和安全性的信心。这种监控体系不仅有效提高了监管效率，还在一定程度上缓解了游客对中国食品供应链中可能存在的风险的担忧。

最后，还有游客向课题组提到了他们观察到的地方政府和市场监管部门在食品安全管理中的作用。特别是在一些知名旅游城市，如北京、上海和杭州，市场监管部门的日常执法检查和高频率抽检得到了国际旅游者的高度关注。例如，许多餐馆会在显眼的位置张贴食品卫生评分，标明该餐馆通过了相关部门的检查，并用颜色标识（如 A、B、C 等级）反映卫生状况。游客可以轻松根据这些标识判断餐馆的安全性，这种公开透明的监管方式大大增强了他们的信任。

此外，还有一些外国游客发现在中国一些大型活动或节日期间，地方政府通常会联合食品监管部门加强市场巡查，例如，对食品摊位的卫生条件进行随机抽查或临时执法。外国游客特别欣赏这种高强度的监管模式，因为它能够在很大程度上确保高峰期食品供应的质量和安全性。部分游客甚至目睹了执法人员现场检查食品摊位、核查证件的过程，这种直接的监管行动让他们感受到中国政府对食品安全的高度重视。

一位来自欧洲的游客感慨地说："在中国，我可以尽情享受美食，因为我知道这里的食品是经过严格监管的，安全可靠。"另一位来自美洲的游客也表示："中国的食品安全监管让我印象深刻，我在其他国家旅游时，总是会担心食品是否安全，但在中国，我完全没有这种顾虑。"总体而言，中国严格的食品安全监管体系给外国游客带来了实实在在的安全感，为他们在中国的饮食安全提供了重要的保障。外国游客在中国的旅行中能够尽情享受美食，感受中国饮食文化的魅力，而不用担心食品安全。严格的食品安全监管也为外国游客提供了一个安全、放心的饮食环境，进一步提升了中国的旅游安全气候和综合吸引力。

（三）高质高效的医疗服务

对于外国游客而言，在异国旅行中突发疾病、受伤等健康问题常常带来额外的压力，尤其是在一些医疗资源相对匮乏或医疗效率较低的国家，病情得不到及时诊治，可能会耽误治疗，甚至危及健康。因此，许多游客在选择目的地时，除了关注旅游景点、文化体验等因素，还非常重视目的地国家的医疗保障体系，特别是医疗效率、医生护士的专业水平以及诊疗方案的准确性。课题组在研究过程中发现，国际旅游者对于中国的医疗服务做出了较高评价，认为中国的医疗服务在效率和服务质量上具有显著优势，能够显著提升他们的安全感。尤其是在遭遇突发的急症或者受伤时，国际旅游者能够在中国得到及时的医疗救治和相关服务。

第一，中国拥有高效的医疗体系，能够对国际游客的健康问题进行快速响应与及时处理。在许多国家，外国游客可能会面临就诊流程缓慢的情况。例如，一些医疗体系不健全的国家，医院排队时间长、医疗资源紧张，可能需要等待数小时甚至数天才能获得医生的诊治。然而在中国，尤其是在一线城市的主要医院，患者可以通过线上预约、快速挂号等方式，极大缩短等待时间。大型公立医院基本支持全天候急诊服务，患者可以随时得到医疗支持，无须担心诊疗资源的短缺或就诊延误。在中国一些主要城市的知名医院，如北京协和医院、上海华东医院等，设有专门的国际医疗部门，外国游客可以直接联系这些部门，获得优先服务。无论是日常门诊还是急诊治疗，国际旅游者都能迅速获得专业医生的诊治，不会因为过长的等待时间而影响病情。特别是在急诊情况下，医生的响应速度和处理能力能有效降低病情恶化的风险，极大缓解了外国游客的焦虑情绪，提升了他们对于中国旅游安全气候的总体感知。

第二，国际旅游者认为中国医院拥有极其专业的医疗团队，医生们通常具有丰富的临床经验，能够提供较为精准的诊疗方案。目前世界上许多国家的医疗体系都存在医生经验不足的问题，不仅仅是在发展中国家或偏远地区，甚至欧美一些医院的医生同样非常缺乏临床经验，直接影响了诊断的准确性和治疗的有效性。

相比之下，中国的主要医疗机构，尤其是三甲医院，医生经过严格的培训和多年的临床经验积累，不仅能够熟练处理常见病和轻症，还能应对复杂或疑难疾病。中国医生不仅在技术方面表现出色，很多医生还具备国际化的视野和多语种的沟通能力。更有一些医院已建立了与国际接轨的诊疗标准，吸收和整合了世界先进的医学知识和技术，还能够提供跨国治疗方案，确保游客能够得到与他们所在国家标准一致，甚至更为高效的治疗。

第三，一些旅游者还向课题组提及了他们在中国体验到的优质护理服务与综合医疗保障。中国的医院系统在护理服务方面也表现出高度的专业性，尤其是在大型三甲医院，护士经过专业的培训，不仅具备扎实的护理技能，还能为患者提供个性化的护理服务。无论是术后护理、急诊救助，还是慢性病患者的长期照护，中国的护士团队都能够有效应对，确保患者得到全方位的医疗照顾。此外，许多医院提供 24 小时的咨询和服务，外国游客在遇到健康问题时，不仅可以随时找到能够沟通的医生或护士，还能得到及时的治疗和后续支持。特别是对于急诊患者，医院有完善的急救系统，能够在最短时间内给予必要的医疗干预，减少对游客健康的威胁。

第四，国际旅游者们认为中国的医疗服务具有非常高的性价比，费用透明。许多外国游客在初来中国并且有就医需求时，都很担心中国医疗服务的费用，害怕费用太高自己无法承受。但实际上当他们亲身体验了中国医疗服务之后发现：一方面中国的医疗服务具有超高的性价比，在医护经验丰富并且看病、做检查都很高效的前提下，医院收费并不高，是普通游客都可以承受的政策价格；另一方面，中国的医院都能够为病人提供详细的费用清单，在一些大型医院开设的国际患者服务中心，国际旅游者还可以得到关于医疗费用、保险支付和报销流程的详细指导。综合而言，中国这种超高性价比并且公开透明的费用体系能够极大地消除国际旅游者来中国的后顾之忧，提升他们的安全感。

总体而言，中国的医疗体系凭借高效的响应、专业的医护人员、丰富的临床经验、不断提升的国际化服务体系以及公开透明且有性价比的费用体系，为外国游客在旅行过程中提供了强有力的健康保障。在面对突发疾病或医疗需求时，游客可以通过便捷的就医通道获得精准的诊疗方案和细致的护理服务，消除因健康问题带来的恐慌和不安，增强他们在中国旅行过程中的安全感。

五、我国入境旅游安全气候的构成：公共设施与先进科技

（一）完善的公共设施

课题组在研究中还发现，中国的各类公共基础设施对于提高国际旅游者在中国的安全感有着重要作用，也是构成国际旅游者对我国入境旅游安全气候感知的重要内容。具体体现在以下四个方面。

第一，我国发达的高速公路、高速铁路、地铁、公交等交通基础设施为国际旅游者提供了极大的安全感。中国拥有发达而高效的铁路网络，尤其是近年来我国高铁建设达到了新的高度，越来越多的城市开通了高铁。高铁以其高速、平稳、准时的特点，让外国游客能够快速、舒适地穿梭于各个城市之间。无论是去繁华的大都市还是宁静的小镇，都能便捷到达。一位来自美国的游客表示："中国的高铁让我惊叹不已，它不仅速度快，而且车厢内环境整洁舒适。我可以轻松规划我的行程，不用担心交通延误带来的安全隐患。"此外，中国的城市交通也十分便利，地铁、公交车、长途巴士等公共交通工具覆盖广泛。清晰的交通标志、有序的车站和站台，以及司机和工作人员的专业服务，都让外国游客感到安心。一位来自英国的视频博主在自己的 Vlog 中提到，英国的火车很难准点，让乘客心里忐忑不安。但是在中国乘坐高铁，永远可以准时出发，让他印象深刻。

　　第二，中国完善的公共安全设施也让外国游客在中国感到非常安全。外国游客最常提到的公共安全设施就是城市中随处可见的监控摄像头。这些摄像头不仅可以及时发现和预防犯罪行为，还能在发生紧急情况时为警方提供线索，迅速采取行动，为社会治安提供了有力的保障。例如，在一些公共场所如商场、公园等，一旦有意外事件发生，警方可以通过监控迅速了解情况并进行处理。此外，外国游客对中国完备的消防设施也给予高度认可。有游客提到，他们发现中国的建筑物内都有明显的消防标识和疏散通道，并且配备了灭火器、消火栓等消防设备。他们还了解到中国的公共建筑都会进行定期的消防检查和演练，确保这些设施的有效性。因此，外国游客在这样的环境中，不用担心火灾等安全事故的发生，能够放心地享受旅行和生活。

　　第三，中国丰富的旅游服务设施也为外国游客提供了安全感。目前中国绝大多数旅游景点通常都配备了游客服务中心，提供导游服务、信息咨询、医疗救助等。外国游客可以在这里了解景点的历史文化和安全注意事项，遇到问题也能及时得到帮助。景区内的安全设施也很到位，如防护栏、警示标志等，确保游客在游览过程中的安全。一些热门景点还采用了智能化的管理系统，如电子门票、人流监测等，提高了景区的管理效率和安全性。此外，酒店、餐厅等旅游服务场所也注重安全保障。酒店有严格的门禁制度和安全检查，餐厅遵守卫生标准，为外国游客提供安全、舒适的住宿和饮食环境。这些旅游服务设施让外国游客在中国的旅行更加安心、愉快。

　　第四，中国良好的照明设施也为外国游客在中国的安全感提升发挥了重要作用。在城市的大街小巷、公园广场、旅游景点等地方，都有着充足而明亮的照明。夜晚降临，灯光亮起，为人们照亮前行的道路。对于外国游客来说，良好的照明设施首先带来了心理上的安全感。在陌生的环境中，尤其是在夜晚，明亮的灯光可以让他们清晰地看到周围的环境，减少对未知的恐惧。无论是在城市中漫步欣赏夜景，还是在旅游景点夜游，他们都能放心地感受中国的魅力。一位来自欧洲的游客说道："在中国的夜晚，即使是在一些比较偏僻的街道，也有明亮的灯光，这让我感到很安心。我可以自由地探索这个城市，而不用担心黑暗中可能存在的危险。"良好的照明设施也在一定程度上起到了预防犯罪的作用。在明亮的环境下，犯罪分子难以藏身，这使得外国游客在外出时更加安全。同时，良好的照明也方便了警察和安保人员的巡逻和监控，能够及时发现并处理潜在的安全问题。照明设施还能够确保道路的能见度，有效减少了交通事故的发生概率，为外国游客的出行提供了又一层安全保障。

（二）先进的科技应用

对于初次来到中国旅游的国际旅游者而言，智能安防系统、大数据技术、无人机、AI技术、移动支付等各种先进技术手段在中国的广泛应用也令他们惊叹，并且有效提升了他们对于中国旅游的安全性的信心。

首先，中国广泛应用的智能安防系统给外国游客带来了强烈的安全感。在城市的各个角落，先进的监控摄像头与智能分析技术相结合，能够实时监测异常情况。这些摄像头不仅数量众多、覆盖范围广，而且具备高清画质和智能识别功能，能够准确识别人员和车辆，及时发现可疑行为。例如，在旅游景点、商场、酒店等人员密集场所，智能安防系统可以快速识别出人群中的异常行为，如打架、盗窃等，并立即向安保人员发出警报。外国游客在这些地方游玩或住宿时，知道有这样一套强大的安防系统在默默守护，心中的安全感油然而生。一位来自澳大利亚的游客表示："在中国的旅游景点，我看到到处都有监控摄像头，这让我感到非常安心。我知道如果有任何问题发生，安保人员可以迅速作出反应。"此外，智能安防系统还与警方的指挥中心相连，实现了快速响应和高效处置。一旦发生紧急情况，警方可以通过系统迅速确定位置并派遣警力，大大缩短了响应时间，为外国游客的安全提供了坚实保障。

其次，先进的移动支付技术也为外国游客在中国的安全感增添了重要砝码。在中国，移动支付已经广泛普及，外国游客只需一部手机就可以轻松完成各种支付。这种支付方式不仅方便快捷，而且安全可靠。移动支付平台采用了多重加密技术和风险控制机制，确保用户的资金安全。外国游客不用担心携带大量现金带来的安全风险，也不必担心信用卡被盗刷的问题。同时，移动支付还可以记录每一笔交易的详细信息，方便用户查询和核对。如果出现支付纠纷，用户可以通过平台快速解决。一位来自美国的游客感慨道："在中国，我只需要带一部手机就可以出门了。移动支付让我感到非常安全和方便，我再也不用担心钱包被偷或者找不到零钱的问题了。"此外，移动支付还促进了商业的繁荣和发展，为外国游客提供了更多的消费选择和更好的购物体验。

最后，无人机、大数据和人工智能等技术手段也在提升外国旅游者对中国旅游安全气候方面的感知。例如，将无人机和大数据以及人工智能技术相结合，可以对城市、旅游景区、山区、海滨、森林等进行大范围的有效监测。尤其是在游客较为集中、人群较为拥堵的重点区域，运用无人机进行实时监控，并且运用大数据和人工智能进行分析，可以精确掌握游客的分布和流动情况。当出现人员拥挤、秩序混乱等情况时，可迅速发出预警，以便景区管理部门及时采取措施进行疏导和管控，避免发生踩踏等安全事故。此外，还有外国旅游者提到，他们在某个中国景区里还观察到，管理人员使用无人机进行空中广播，向游客宣传安全知识，这一点也让他们印象深刻。

六、我国入境旅游安全气候的构成：严格安保与应急机制

（一）严格而规范的安保措施

在对国际旅游者进行访谈时，很多人都向课题组表示，他们对中国严格而规范的安保措施印象深刻，并且认为这种安保措施能够极大程度提升公共安全。

首先，中国在公共场所实施了非常严格而全面的安保措施，让国际旅游者感到非常安心。在一些重要交通枢纽，如机场、火车站、汽车站、地铁站等地，安检措施极为严格。旅客在进入这些场所时，需要经过先进的安检设

备检查，包括行李扫描、人体安检等环节。这些措施有效地防止了易燃易爆等危险物品的流入，确保了旅客的生命财产安全。外国旅游者亲身体验如此严谨的安检流程，会充分感受到中国对公共安全的高度重视。例如，一位来自欧洲的游客在经历了中国机场的安检后表示："中国机场的安检非常严格，这让我在旅行的开始就感到很安全。我知道我的旅程会在一个安全的环境中进行。"此外，在商场、超市、公园等人员密集的公共场所，也常常能看到安保人员巡逻的身影。他们时刻保持警惕，关注着周围的情况，一旦发现异常情况能够迅速做出反应。同时，这些场所还安装了大量的监控摄像头，形成了严密的监控网络，为公共安全提供了有力的保障。外国旅游者在这些地方游玩、购物时，能够放心地享受美好时光，不用担心安全问题。

其次，中国的旅游景区同样拥有非常全面和高效的安保。旅游景区是外国旅游者在中国的重要活动场所，中国在旅游景区的安保措施也让他们倍感安全。各大景区都配备了专业的安保队伍，他们不仅负责维护景区的秩序，还会为游客提供各种帮助和服务。在景区入口处，同样设有严格的安检环节，防止危险物品进入景区。景区内还会设置清晰的安全标志和指示牌，提醒游客注意安全事项。例如，在山区景区，会有明显的标志提醒游客注意防滑、防坠等；在水域景区，会有警示标志提醒游客不要擅自下水。同时，景区还会通过广播、电子显示屏等方式，及时发布天气变化、游客流量等信息，让游客能够提前做好准备。一些大型景区还采用了先进的技术手段，如智能监控系统、无人机巡逻等，提高安保效率。外国旅游者在这样安全的环境中游览，能够尽情地欣赏中国的自然风光和历史文化，对中国的安全环境充满信心。

最后，中国完善的社区安保措施也给外国旅游者留下了深刻的印象。在各个社区，都有专门的安保人员负责巡逻和守卫，确保社区的安全。社区入口处通常设有门禁系统，只有居民和经过授权的人员才能进入，有效地防止了外来人员的随意进入。社区内还安装了监控摄像头，覆盖了主要道路和公共区域，为居民和游客提供了安全保障。此外，社区还会定期组织安全宣传活动，增强居民和游客的安全意识。例如举办消防安全讲座、防盗知识宣传等活动，让大家了解如何预防和应对各种安全问题。外国旅游者在入住中国的酒店或民宿时，会感受到社区的安全氛围。他们知道自己身处一个安全的环境中，无论是白天还是夜晚，都可以放心地出行和活动。这种完善的社区安保措施，让外国旅游者对中国的整体安全环境有了更深入的认识，增强了他们对中国安全的信任感。

（二）迅速而有效的应急机制

中国在应对各类灾害和突发事件方面，具有非常迅速而有效的应急响应和处理机制，这一点被很多国际旅游者所提及。他们认为中国这种应急机制非常有效，能够给予国际旅游者充足的安全保障，提升他们对中国旅游总体安全的认知。

第一，中国在应对自然灾害方面有着高效的应急机制，这让外国旅游者深感安心。中国地域辽阔，面临着多种自然灾害的威胁，如地震、洪水、台风等。然而，通过完善的监测预警系统、快速的响应行动和有力的救援措施，中国能够有效地降低自然灾害带来的损失，保障人民生命财产安全。例如，2024 年中秋节期间，上海遭遇台风"贝碧嘉"袭击，这次台风是 1949 年以来最强的一次直接登陆上海的台风，最大风力达 14 级。当时有很多外国游客正在上海旅游，而上海市政府和相关部门通过电视、网络、广播等各种渠道及时发布了预警信息，提醒游客注意安全，并采取相应的防范措施。上海的旅游景区和交通部门也根据预警情况及时关闭景区、调整航班和车次，确保游客的安全。再如，在我国的四川等一些地震多发地区，当地的旅游景区和酒店会配备地震应急设备，如应急照明、逃生指示标志等，并定期进行地震应急演练，让游客在遇到地震时能够迅速、有序地撤离。中国对于自然灾害的有序应对，让国际旅游者对中国的旅游安全充满信心，有效提升了他们的安全感知。

第二，中国还建立了快速的公共卫生事件应急机制，也让外国旅游者感到非常安心。近年来，全球面临着各种公共卫生挑战，如传染病疫情等。中国在应对公共卫生事件时，展现出了强大的组织能力和高效的行动速度。当出现公共卫生事件时，中国会迅速启动应急响应机制，采取严格的防控措施。例如，在新冠疫情防控期间，中国对旅游景区、酒店、餐厅等场所进行严格的卫生管理和消毒措施，要求游客佩戴口罩、测量体温、出示健康码等。同时，中国还加强了对入境游客的健康监测和管理，确保疫情不会通过旅游渠道传播。这些措施有效地保障了游客的健康安全，让外国旅游者在中国旅游时感到安心。此外，中国还积极开展公共卫生宣传教育，提高游客的自我防护意识和能力。在旅游景区和酒店等场所，会通过张贴宣传海报、播放宣传视频等方式，向游客普及公共卫生知识，让游客了解如何预防传染病等疾病。

第三，中国应对各种突发事件方面的应急机制也为外国旅游者提供了坚实的安全保障。无论是交通事故、火灾还是其他意外事件，中国都能够迅速作出反应，展开救援行动。在旅游景区和城市的重要场所，会配备专业的消防队伍和医疗急救人员，他们随时待命，能够在第一时间赶到事故现场进行救援。同时，中国还建立了完善的应急指挥体系，能够协调各方力量，高效地开展救援工作。例如，在发生交通事故时，交警部门会迅速到达现场，疏导交通，处理事故；医疗急救人员会对伤者进行及时救治，将伤者送往附近的医院进行进一步治疗。外国旅游者在看到中国在突发事件面前的迅速行动和专业救援时，会对中国的安全保障能力有更深刻的认识，增强他们对中国旅游安全气候的信任感。

七、我国入境旅游安全气候的构成：绿色发展与环保理念

外国游客对中国目前在绿色发展和环保理念方面的进展有着积极的看法，这些进展也在多个方面提升了他们对中国旅游安全的信任感。

（一）生态保护与景区可持续发展

外国游客在中国旅游时，明显感受到了中国在生态保护和景区可持续发展方面所做出的努力。许多自然景区都实施了严格的生态保护措施，致力于

维护生态平衡和生物多样性。比如，在我国一些著名的自然保护型景区，景区管理部门通过限制游客数量、划定特定游览区域、加强巡逻监管等方式，确保了自然生态环境的稳定和安全。外国游客看到这些美丽而原始的自然景观得到如此精心的呵护，会对中国的环保理念深感钦佩。

以张家界景区为例，这里的奇峰异石和茂密森林令人叹为观止。为了保护这片独特的自然景观，景区管理部门采取了一系列环保措施，如建设生态步道、推广环保交通工具、加强垃圾回收处理等。外国游客在游览过程中，既能欣赏到大自然的壮美，又能感受到景区对环境的尊重和保护。这种可持续发展的理念让他们相信，在中国旅游不仅能够欣赏美景，还能确保自身处于一个安全、稳定的生态环境中。同时，生态保护也减少了自然灾害的发生，如山体滑坡、泥石流等，进一步提升了外国游客的旅游安全信任感。

（二）绿色交通与城市环境改善

中国在绿色交通方面的发展也给外国游客留下了深刻印象。一方面，越来越多的城市推广新能源公交车、共享单车和地铁等绿色出行方式，有效减少了交通拥堵和空气污染。外国游客在城市中出行时，能够感受到便捷、高效、环保的交通体系带来的舒适体验。例如，在上海、深圳等大城市，地铁网络覆盖广泛，不仅方便了市民和游客的出行，还减少了汽车尾气排放。同时，共享单车的普及也让外国游客可以轻松地穿梭于城市的各个角落，欣赏城市风光。这些绿色交通方式的推广，使得城市环境更加宜居，也提高了外国游客在城市中的旅游安全感受。他们不用担心交通拥堵带来的时间浪费和安全风险，同时也能呼吸到更加清新的空气，享受更加舒适的旅游环境。此外，绿色交通还减少了能源消耗和温室气体排放，为全球环境保护做出了贡献，进一步提升了中国在国际上的形象和声誉。

另一方面，当前中国正在努力推广新能源汽车，这也为国际旅游者感知中国在环保方面做出的努力提供了良好的实例。新能源汽车的主要能源是电能，而电能的产生方式多样，包括水电、风电、光电等可再生能源。

使用新能源汽车，实际上是间接利用这些清洁能源，这对于能源的可持续发展和环境保护意义重大。其中，纯电动汽车使用电力驱动，在行驶过程中不产生尾气排放；混合动力汽车在纯电模式下也能实现零排放，在燃油发动机工作时，排放量也远低于传统汽车，这对改善空气质量起到了至关重要的作用。

（三）环保教育与公众意识提升

中国在环保教育方面的投入和公众环保意识的提升也让外国游客对中国的旅游安全充满信心。学校、社区和媒体等各个渠道都在积极开展环保教育活动，提高公众对环境保护的认识和责任感。很多外国游客向课题组提及，他们在中国旅游时，在很多城市都看到当地的市民、青少年学生等积极参与环保行动，如垃圾分类、植树造林、节约用水等。

在一些旅游景区，也会设置环保宣传标志和展示区，向游客普及环保知识和理念。外国游客通过参与这些活动或了解这些信息，会感受到中国社会对环境保护的高度重视和积极行动。他们相信，在一个公众环保意识强烈的国家旅游，自己也能够更好地融入其中，共同为保护环境做出贡献。同时，环保教育也培养了人们的文明旅游意识，减少了不文明行为对旅游环境的破坏，进一步提升了旅游安全水平。例如，游客们会更加自觉地遵守景区规定，不随地乱扔垃圾、不破坏自然景观，从而营造出一个更加安全、和谐的旅游环境。

第六章

影响我国入境旅游安全气候的语言难题及对策

一、问题描述

在本课题的研究过程中，课题组发现虽然国际旅游者在总体上给予了中国入境旅游安全气候非常积极和正向的评价，但也存在一些切实影响旅游者总体安全感知的障碍。其中，语言障碍是国际旅游者在中国旅行时最常面临的主要难题，尽管中国在主要城市和旅游景区提供了一定程度的外语服务，但目前外语服务的覆盖范围和质量仍然无法满足数量不断增长且语言背景各异的国际旅游者的需求。语言障碍不仅使国际旅游者交流困难，还深刻影响着他们的旅行体验、安全感知以及对中国的整体印象。

（一）语言服务的区域差异

在中国的一线城市，如北京、上海、广州和深圳等城市，英语的普及率相对较高，主要旅游景点、部分酒店和商业区的服务人员通常能为国际旅游者提供一定程度的英语服务。这主要是由于中国一线城市的国际化程度较高，外籍人士的数量较多，因此相关部门和企业在面对外国游客时更注重提供英语或其他外语的服务。例如，北京的故宫博物院、上海的外滩、广州的长隆旅游度假区、深圳的世界之窗等热门景区，都会配备英文标志或为游客提供英文导览设备，部分景区还配备了英文讲解员。大型商业中心和购物街区，如北京王府井、上海南京路、广州天汇商城等也普遍能够提供英文菜单、英文指引、英语客服热线，这使得外国游客在这些地区的旅行变得更加方便。

然而，当国际旅游者离开一线大城市，前往二线、三线城市或更偏远的地区时，当地能够提供的外语语言服务质量和覆盖范围显著下降。许多地方的景点、餐馆和住宿设施无法提供英文服务，有些地方甚至连基础的英文标志都没有。在一些风光秀丽但是较为偏远的小城镇或乡村地区，英语普及率非常低，当地的旅游从业者几乎不懂英文，这使外国游客面临着更为严重的语言障碍。

　　例如，目前四川省由于其极为丰富的旅游资源，越来越受到国际旅游者的关注和青睐。但是在四川的某些小镇，由于语言障碍，外国游客完全无法与当地人进行沟通。甚至在一些较为知名的景区，除了景区名称和一些极其简单的英文翻译，其他所有的指示也都只提供中文。餐馆的菜单也没有英文翻译，游客无法准确了解餐品内容。对于一些有特殊饮食需求或者食物过敏的外国游客，语言障碍会给他们在中国的旅游带来更大的障碍，也造成他们心理层面的不安和焦虑。再比如在一些自然景区或民族风情浓厚的地区，导游多使用方言或地方语言，外语导游相对稀缺，游客很难找到合适的讲解员，极大地影响了游客对当地文化和历史的理解与体验。

　　除旅游景点外，交通系统也是语言服务差异的重要体现。目前中国一线城市的大型机场和火车站，外文标志相对较为完善，机场和车站的工作人员也通常能够提供一些基本的外语服务。但是在非一线城市的交通枢纽，为国际旅游者提供的外文服务仍然较为缺乏。例如，一些交通枢纽的外文标志存在翻译不够准确、不提供外文标志等问题。当外国游客遇到困惑需要进行咨询时，也很难与工作人员进行有效沟通，这让外国游客在本来就陌生的环境下进行旅游交通面临着极大挑战。

（二）生活服务的语言障碍

　　语言障碍不仅存在于旅游景区和公共交通中，还深入到外国游客在中国的日常生活中。尤其是当外国游客使用中国本地的生活服务类应用程序和实体服务时，语言问题表现得尤为明显，在衣食住行等各个方面影响着游客的便利性和体验感。

　　随着中国数字经济的快速发展，许多日常生活服务已高度依赖移动应用程序，包括支付宝和微信支付（数字支付平台）、百度地图和高德地图（导航平台）、滴滴出行（打车平台）、美团和饿了么（外卖平台）、携程、飞猪和去哪儿（酒店和交通预订平台），以及小红书、微博、抖音等 App，这些都是中国本地居民日常生活中的常用工具。然而，这些平台主要针对本地用户开发，界面以汉字为主，功能和操作逻辑也完全基于中文语言环境。尽管部分应用程序提供了外文版本，但功能不完整、翻译不准确，甚至直接缺乏更新，使得外国游客难以顺畅使用。

以中国居民在打车时经常使用的网络叫车 App "滴滴出行" 为例，目前其仍然只在中文版本上提供完整的服务，而其英文版本则经常出现运行不稳定、功能不完整等问题。因此，一些外国游客仍然选择使用中文版本，但又因为语言障碍而遇到更多问题。在接受课题组访谈时，一位来自德国的游客提到他在使用滴滴打车时遇到的问题，他在结束乘车付款时的实际付款额度和叫车时页面显示的额度不一致，但他不明白为什么，因为他看不懂那个页面。这就导致这位游客一开始以为是网约车的司机进行了恶意收费，让这位游客感到非常不满和难过。课题组成员帮助他查看了滴滴的历史订单，向他解释了他选择的是快车，最终的付费是根据实际路况和车辆的行驶状况来决定的。经过课题组解释之后，这位德国游客才知道自己错怪了网约车司机，但也同时更加感慨消除语言障碍对于提升国际旅游者在中国体验的重要性。

再以中国目前使用广泛的外卖平台 "美团" 和 "饿了么" 为例，这两个平台能够为用户提供丰富的外卖选择，更以其迅速便捷的响应著称。然而，即便是这两个中国的头部外卖 App，也尚未实现针对国际旅游者的高质量英文服务。平台上的菜单、商家信息、用户评价全都以中文呈现，这让不懂中文的外国游客完全难以了解每个商家的具体信息，更无法选择适合自己的菜品内容。此外，要使用这些外卖平台，外国游客还需要使用中文来填写自己的收件地址，进一步增加了外国游客的使用难度。一位来自意大利的游客向课题组诉苦："我真的很想像你们一样，能够流畅地使用美团和饿了么来点餐，但是我看不懂，太难了。"

（三）紧急情况下的语言障碍

语言问题在紧急情况下对外国游客的影响可谓是极大的，甚至可能关系到游客的生命安全与切身利益。对于来到陌生环境的外国游客而言，当他们身处紧急状况之中时，语言不通往往会成为一道难以跨越的障碍，使他们深陷困境。

在一些紧急情况发生时，时间就是生命，每一分每一秒都至关重要。然而，由于无法使用中文与救援人员准确表达自己所面临的问题，外国游客可能会遭遇非常困难的局面。例如，在出现紧急医疗需求的情况时，这一问题显得尤为突出。当外国游客在中国突发疾病或遭遇意外受伤时，需要尽快向医务人员说明自己的症状和感受，以便医生能够准确地做出诊断并给予及时的治疗。但如果游客无法用中文清晰地描述病症，如疼痛的具体部位、疼痛的程度、发病的时间等关键信息，医务人员就可能难以准确判断病情，从而延误治疗的最佳时机。此外，即使医务人员做出了诊断并给出了治疗建议，若游客无法理解这些专业的医学术语和建议，也可能会对治疗产生抵触情绪或者采取错误的行动，进一步加重病情。

同样，在与警方沟通时，语言问题也可能导致问题无法得到迅速解决。如果外国游客遭遇盗窃、抢劫等犯罪行为或是由于自己疏忽而丢失、遗漏重要财物时，他们需要向警方报案来寻求帮助。但由于语言不通，他们可能无法准确地描述事件的经过和自己的损失，使得警方在调查和破案过程中面临困难。此外，在处理交通事故等紧急情况时，警方需要了解事故的具体情况和责任划分，而外国游客如果无法用中文表达自己的观点和诉求，就可能会在事故处理中处于不利地位。此外，酒店工作人员也是外国游客在紧急情况下常常求助的对象。如果游客在酒店内遇到火灾、地震等自然灾害，或者面临突发疾病、设备故障等问题，他们需要及时向酒店工作人员求助。但如果语言不通，酒店工作人员可能无法理解游客的需求，无法及时采取有效的措施，从而给游客带来更大的危险。

对于一些想要在中国进行自驾游的外国游客来说，语言障碍的影响可能更为显著。在中国，道路标志和交通指示大多以中文显示，这对于不熟悉中文的外国游客来说是一个巨大的挑战。特别是在偏远地区，几乎没有英文标注，这使得外国游客在自驾游过程中更容易迷失方向或者误解交通指示。一旦发生交通事故，游客需要及时向警方、保险公司和救援机构求助，但由于语言不通，他们可能无法准确地说明事故的地点、情况和自己的需求，导致救援人员无法及时赶到现场。此外，如果游客需要导航帮助，也可能因为语言问题而无法正确理解导航软件的提示，从而走错线路或者陷入困境。在一些偏远地区，信号可能不好，导航软件可能无法正常工作，这时候如果游客无法向当地居民问路或者理解当地居民的指示，就可能会陷入孤立无援的境地。

二、问题成因

（一）我国外语的普及与应用有待提高

在此次调研过程中，课题组发现目前我国外语的普及范围和应用水平仍然较为有限，而这也是国际旅游者入境我国后面临显著语言障碍的主要原因之一。

具体来说，我国外语的普及程度和应用水平不足主要表现在多个方面。首先，能够掌握基本外语沟通技能的人数占我国总人口比重低。在当今全球化的时代，英语作为一门国际通用语言，其重要性不言而喻。然而，在我国这样一个拥有庞大人口基数的国家，真正能够熟练运用英语进行沟通交流的人却相对较少。这不仅限制了我国与世界各国的交流与合作，也给国际旅游者在中国的旅行带来了诸多不便。许多国际旅游者在来到中国后，发现很难找到能够用英语进行交流的人，无论是在问路、购物、就餐还是寻求其他服务时，都可能面临着语言障碍。语言方面的障碍不仅影响了国际旅游者的旅行体验，也让他们对在中国的生活充满担忧，影响他们对中国入境旅游安全气候的感知。

其次，中国人外语技能的代际差异也较为明显。能够掌握基本外语沟通技能的主要是青年和学生群体，而上年纪的人口中具备外语技能的比重相当低。随着我国教育水平的不断提高，越来越多的年轻人和学生在学校里接受了外语教育，具备了一定的外语沟通能力。对于上了年纪的人来说，由于他们成长的时代外语教育并不普及，很多人没有机会学习外语，因此在面对国际旅游者时，往往无法进行有效的沟通。这种代际差异不仅反映了我国外语教育的发展历程，也凸显了在不同年龄段人群中外语普及程度的不均衡。对于国际旅游者来说，他们在与不同年龄段的中国人交流时，可能会遇到不同程度的语言障碍，这也给他们的旅行带来了一定的困扰。

最后，即便在掌握基本外语技能的青年和学生群体中，由于我国长期以来在外语教育方面主要以应试为导向，听力和口语水平较差。在我国的教育体系中，外语一直是一门重要的学科，学生们从小学就开始学习外语，一直到大学甚至研究生阶段。然而，长期以来，我国的英语教育主要以应试为目的，注重语法、词汇和阅读理解等方面的训练，而忽视了听力和口语的培养。这导致很多学生虽然在考试中能够取得不错的成绩，在实际生活中却无法流利地用外语进行交流。当国际旅游者与这些学生和年轻人进行交流时，可能会发现他们虽然能够听懂一些简单的外语问题，但在表达自己的想法时显得比较吃力，或者存在发音不准确、语法错误等问题。这种情况不仅影响了国际旅游者与中国人的交流效果，也反映了我国外语教育在沟通交流方面的不足。

（二）地区发展水平的差异与理念不足

课题组在对国际旅游者的调研过程中发现，很多国际旅游者都提到在中国一线城市遇到的语言障碍相对于非一线城市要少很多。在北京、上海、广州、深圳这些一线城市，即便绝大多数普通人无法熟练运用外语与国际旅游者交流，但是多数景区、商场、酒店等都能够提供外语服务，在国际旅游者遇到困难或问题时，寻找具备外语技能的服务人员也相对容易。但是当他们离开一线城市，去往中国的其他城市和地区时，语言问题往往更加凸显。

课题组认为这一现象主要是受到了中国各地区发展水平不均衡的影响。我国国土面积广大，自古以来各地的经济和社会发展水平就存在显著差异。新中国成立后，在党的领导下，各地都发生了翻天覆地的变化，改革开放以来，各地也都迎来了不同的新的发展契机，但不可否认的是，地区经济与社会发展不均衡的现象仍然存在。具体来说，传统的一线城市和东部沿海地区相对发达，对外开放程度较高，因此外语的普及程度也相对更高，但是广大中西部地区在对外开放和外语普及方面则相对落后。

此外，很多国际旅游者都在他们发布的网络评论或是旅行视频中提到，中国目前已经进入了非常发达的移动互联网时代，中国人在生活中非常习惯使用各种 App。在当今的中国，移动互联网的发展可谓是日新月异。从购物消费到交通出行，从社交娱乐到生活服务，各种各样的 App 几乎涵盖了人们日常生活的方方面面。这些 App 以其便捷、高效的特点，给人们的生活带来极大便利。人们可以通过手机轻松完成购物支付、预订酒店、叫外卖等各种日常活动，极大地提高了生活的质量和效率。

然而，这些 App 对正在不断增加的国际旅游者而言依然不够友好，无法为他们提供高质量的外语服务。国际旅游者在使用这些 App 时往往会遇到诸多困难。首先，由于大多数 App 都是以中文界面为主，外国游客很难理解其中的内容和操作方法。即使有些 App 有少量的外文翻译，但往往不够准确和全面，无法满足外国游客的需求。其次，一些 App 的功能设计也没有充分考虑外国游客的使用习惯。例如，在 App 的注册、支付方式、地址填写等方面，可能都与外国游客熟悉的方式不同，导致他们在使用过程中感到困惑和不便。

课题组认为这个问题主要受我国企业的发展理念影响。我国国内市场庞大，需求旺盛，当前我国企业所开发的各类移动程序主要还是以中国居民为核心，以国内市场作为生存和发展的基础，并未充分考虑国际旅游者的需求，缺乏国际化视野。随着疫情后中国对外开放程度的不断扩大，国际旅游市场也在迅速发展，越来越多的外国游客来到中国。然而在这种情况下，我国的企业尚未来得及跟上不断发展变化的市场状况，对于现有的各类产品也未进行及时的升级转型，导致国际旅游者的需求仍然被忽视。事实上，课题组认为未来进入我国的国际旅游者数量还将以极快的速度不断增长，他们的需求也应当被企业重视，并为他们提供高质量、国际化的产品与服务。

（三）中文作为全球通用语言任重道远

除了上文中提到的：我国外语整体的普及程度和应用水平较低，存在显著的地区发展不平衡现象，我国企业在开发产品和提供服务时缺乏国际化视野等因素之外，课题组认为中文作为一门全球通用语言的推广不足也是造成目前国际旅游者在我国面临语言障碍不可忽视的重要原因。随着我国经济与社会发展水平的不断进步，中国在国际舞台上的地位和影响力也在不断提升。中国的经济实力日益增强，成为世界第二大经济体，在国际贸易、投资等领域发挥着重要作用。同时，中国在科技、文化、教育等方面也取得了显著成就，吸引了全球的目光。尽管中国的国际地位不断提高，中文作为全球通用语言在世界范围内的推广仍然任重而道远。

目前，中文在世界范围内的推广仍然面临很多具体的困难。首先，语言的普及程度与一个国家的经济实力、国际影响力等因素密切相关。虽然中国的经济发展迅速，但与英语等传统强势语言相比，中文的使用范围仍然相对有限。英语作为全球通用语言，在国际贸易、科技、学术等领域占据主导地位，许多国际组织和跨国企业都以英语作为工作语言。这使得中文在与英语的竞争中处于劣势，推广难度较大。中文本身的特点也给推广带来了一定的困难。中文是一种表意文字，与英语等拼音文字有很大的不同。中文的语法结构复杂，词汇丰富，发音也有一定的难度。对于非汉语母语的人来说，学习中文需要花费更多的时间和精力。此外，中文的方言众多，不同地区的中文发音和词汇存在一定的差异，这也增加了外国人学习中文的难度。

其次，文化差异也是中文推广面临的一个重要问题。语言不仅是人们进行交流与沟通的基本工具，更是文化的载体，是深入了解一个国家的文化、精神不可或缺的重要钥匙。学习一种语言往往需要了解其背后的文化。中国文化源远流长、博大精深，但与西方文化存在很大的差异。对于外国人来说，理解和接受中国文化需要一定的时间和过程。如果不能很好地理解中国文化，就很难真正掌握中文。例如，中文中的一些成语、典故、诗词等，都蕴含着丰富的中国文化内涵，如果不了解这些文化背景，就很难理解其含义。

最后，中文推广的资源和渠道相对有限。虽然近年来中国政府和民间组织在中文推广方面做了很多努力，如设立孔子学院、开展中文国际教育等，但与英语等语言的推广相比，中文推广的资源和渠道仍然不足。在教材编写、教师培训、教学方法等方面，中文推广还需要不断创新和完善。同时，中文推广的宣传力度也有待加强，当下我国对中文学习的推广和宣传还远远无法与英语相媲美。

三、具体对策

（一）提升国际旅游者语言便利度的措施

1. 加强旅游从业人员外语培训

旅游从业人员是外国游客在中国接触的最频繁的人群之一，他们的外语水平直接影响着游客的旅游体验。因此，加强旅游从业人员的外语培训至关重要。

首先，旅游景区的工作人员，包括导游、检票员、安保人员等，应该接受系统的外语培训。导游作为游客的主要引导者，需要具备流利的外语口语表达能力和丰富的专业知识，能够准确地向外国游客介绍景点的历史、文化和特色。检票员和安保人员也应掌握基本的外语问候语和简单的问题解答能力，以便在工作中与外国游客进行有效的沟通。例如，可以定期组织外语培训班，邀请专业的外语教师或有丰富旅游经验的人士进行授课，培训内容包括日常英语对话、旅游专业术语、应急情况处理等方面。

其次，酒店服务人员也是提升外国游客旅游体验的关键环节。前台接待人员应能够熟练地使用外语办理入住和退房手续，解答游客关于酒店设施、服务项目等方面的问题。客房服务人员要了解基本的外语指令，如"clean the room"（打扫房间）、"bring more towels"（多拿几条毛巾）等，以便更好地为游客服务。酒店可以通过内部培训、在线学习平台等方式，提高员工的外语水平。同时，建立激励机制，对外语水平较高、服务表现优秀的员工进行奖励，激发员工学习外语的积极性。

2. 完善多语言标志和导览系统

在旅游景点、交通枢纽、公共场所等地方，完善多语言标志和导览系统，可以为外国游客提供极大的便利。对于旅游景点来说，入口处、重要景点、休息区等位置应设置清晰的中外文对照指示牌，标明景点名称、简介、开放时间、注意事项等信息。例如，在故宫博物院，每个宫殿的门口都有中英文对照的指示牌，介绍宫殿的历史和用途，让外国游客能够更好地了解中国的历史文化。同时，景区内可以配备多语言的电子导览设备，游客可以根据自己的需求选择英语等语言进行导览，了解景点的详细信息。

交通枢纽如机场、火车站、汽车站等地，也应设置完善的多语言标志。候机（车）大厅、售票处、登机（车）口等位置的指示牌应清晰明了，用中外文标注航班（车次）信息、登机（车）口位置、换乘路线等内容。此外，交通广播也可以增加外语播报，及时向外国游客传达航班延误、车次变更等重要信息。

在城市的公共场所，如公园、商场、餐厅等地方，同样需要设置多语言标志。公园的入口处可以设置中外文对照的地图和简介，商场内的店铺招牌、导购指示牌应标注外文，餐厅的菜单也应提供外文翻译。这样可以让外国游客在这些场所轻松地找到自己需要的服务和设施。

3. 开发多语言旅游服务平台

随着互联网技术的发展，为国际旅游者开发基于多语言的综合性旅游服务平台已经是大势所趋。该平台应基于全球通用的多种语言，为外国游客提供包括旅游信息查询、在线预订、导游服务、紧急救援等功能在内的旅游服务。外国游客可以通过该平台查询中国各地的旅游景点、酒店、餐厅、博物馆、图书馆、公共活动等信息，了解景点的开放时间、门票价格、交通线路等详细内容。同时，平台还可以提供在线预订服务，游客可以预订酒店、机票、景点门票等，避免语言不通带来的预订困难。在导游服务方面，平台可以提供多语言导游预约服务。外国游客可以根据自己的需求选择具有英语或其他语言资质的导游，并且通过平台与导游进行具体旅游需求、行程安排等方面的沟通，获得高水平的个性化服务。

此外，平台还应具备紧急救援功能。外国游客在遇到紧急情况时，可以通过平台向相关部门求助。平台可以提供多语言的紧急救援指南，指导游客如何正确地求助和应对紧急情况。同时，平台可以与当地的救援机构建立联系，确保在紧急情况下能够及时为游客提供救援服务。

（二）提升欠发达地区外语服务水平措施

1. 加强教育资源倾斜与师资培训

首先，在教育资源分配方面，中央与地方政府及相关部门应加大对非一线城市和偏远地区外语教育资源的投入。可以设立专项基金，用于改善当地学校的外语教学设施，包括配备多媒体教室、语音实验室等设备，为学生提供更真实的语言学习环境，如通过语音实验室的软件进行标准外语发音的练习。或者建立城市学校与非一线城市、偏远地区学校的帮扶机制，定期开展教学交流。城市学校可以捐赠外语书籍、学习资料和教学用具，帮助改善当地的教学资源。同时，通过网络课堂等形式，让城市学校的优秀外语教师为偏远地区的学生进行远程授课，分享先进的教学方法和理念。

其次，开展针对偏远地区的外语师资培训项目。培训内容不仅要包括外语语言知识的更新，如最新的词汇、语法讲解方法，还要注重外语教学技能的提升，如互动式教学、情景教学的运用。可以邀请国内外外语教育专家到当地举办讲座和开展培训工作。例如，开展以"如何提高学生外语口语表达能力"为主题的培训，让教师掌握更多有效的口语教学策略。为当地外语教师提供外出学习和交流的机会。选派优秀教师到外语教育发达地区或国外进行短期培训和观摩学习，深入了解先进的外语教学模式，如沉浸式外语教学环境的打造等。在学习归来后，这些教师可以将所学知识和经验带回当地，对其他教师进行二次培训，从而提升整个地区的外语教师队伍素质。

2. 促进当地旅游业外语服务标准化与激励机制建设

首先，各地的旅游管理行政部门应结合当地实际情况，制定适合本地区的旅游行业外语服务标准。标准应涵盖旅游服务的各个环节，包括景区导游讲解、酒店服务、餐厅接待等。例如，规定景区导游必须能够熟练使用外语讲解景点的历史文化、特色景观等内容，并且讲解要符合一定的语言规范和质量要求。

其次，加强对旅游从业人员外语服务标准的培训和推广。通过组织培训班、发放服务标准手册等方式，让从业人员熟悉标准内容。可以开展服务标准示范活动，选择部分优秀的旅游企业作为示范单位，展示符合标准的外语服务流程，供其他企业学习和借鉴。例如，在酒店行业，示范酒店可以展示从客人预订房间、入住登记、客房服务到退房的全过程外语服务，包括正确的外语表达和礼貌用语的使用。

最后，建立有效的奖励和激励机制，对当地能够为国际旅游者提供高质量外语服务的旅游企业和个人进行表彰和奖励。例如，每年评选出当地"最佳外语服务景区""最佳外语服务酒店""优秀外语导游"等荣誉称号，并给予一定的物质奖励，如奖金、奖品或者税收优惠政策。这些奖励可以激励旅游企业和从业人员积极提升外语服务质量。对于积极参与外语培训并取得良好成绩的旅游从业人员，给予晋升机会或者职业发展的支持。例如，酒店可以规定，通过高级外语服务水平考核的员工有优先晋升为领班或主管的机会，从而激发员工提升外语服务水平的积极性。

3. 利用技术手段和志愿者服务弥补差距

首先，充分运用现代化信息技术手段提升旅游服务的国际化水平。在非一线城市和偏远地区的旅游景区、酒店、交通枢纽等场所，可以引入智能语音翻译设备和多语言电子信息化系统。帮助当地服务人员和外国游客进行简单的沟通交流。例如，在景区的咨询处、酒店的前台等位置配备语音翻译设备，旅游服务人员和游客可以在智能语音翻译设备辅助下进行有效沟通。

其次，开发符合当地实际需求的外语旅游服务移动应用 App。这些应用能够使用标准化外语对当地的标志性旅游景点、特色美食和知名餐厅、交通情况等进行准确介绍。此外，应用还应提供外语语音导航、语音讲解等功能，方便外国游客使用。例如，在应用中设置"当地美食探索"板块，用外语详细介绍当地特色美食的名称、口味、制作方法以及推荐餐厅，同时提供语音讲解，让来到当地的外国游客能够便捷地进行旅游休闲活动。

再次，建立独具当地特色的外语志愿者服务队伍。志愿者是可以来自当地学校的学生、退休教师、有英语特长的居民等。通过社区组织、学校社团等渠道招募志愿者，并对他们进行统一培训，包括服务礼仪、当地旅游知识和常用外语表达等内容。例如，在旅游旺季，志愿者可以在景区、车站等人流量大的地方为外国游客提供免费的翻译服务、导游服务和信息咨询服务。

最后，加强偏远地区与国内外志愿者组织的合作。吸引国内外的志愿者到非一线城市和偏远地区开展外语服务活动。这些志愿者可以带来不同的文化视角和先进的服务理念，同时也能为当地的外语服务注入新的活力。例如，与国际志愿者组织合作，邀请国外志愿者到当地进行短期的外语支教或旅游服务活动，他们可以在当地学校教授外语课程，也可以在旅游场所为国际游客提供帮助。

（三）鼓励企业提供外语产品和服务措施

1. 政策激励与扶持

政府可以制定一系列政策来激励和扶持企业开发面向国际旅游者的外语版产品和服务。

首先，在税收方面，可以给予开发此类产品和服务的企业一定的税收优惠。例如，对于在一定时间内推出高质量外语版旅游相关 App 的企业，减免部分企业所得税。这将降低企业的运营成本，提高企业的盈利能力，从而吸引更多企业投入这一领域。

其次，设立专项补贴基金。政府可以拨出专项资金，对积极开发国际旅游者适用产品和服务的企业进行补贴。企业可以凭借开发的外语版 App 的功能完善程度、用户体验、市场影响力等指标申请补贴。例如，开发设计一款能够提供全面的旅游信息查询、在线预订、实时翻译等功能的外语版旅游App，企业可以通过提交详细的项目计划书和成果展示，申请相应的补贴资金。这将为企业提供实实在在的资金支持，鼓励企业加大研发投入。

最后，政府还可以简化审批流程，为企业开发国际市场提供便利。对于涉及国际旅游者服务的项目，开辟绿色通道，加快审批速度。例如，企业在申请相关资质或开展国际合作时，政府部门可以优先处理，缩短审批时间，让企业能够更快地将产品和服务推向市场。

2. 市场引导与合作

通过市场引导和合作的方式，鼓励企业开发满足国际旅游者需求的产品和服务。一方面，旅游行业协会可以发挥积极作用，组织企业进行市场调研，了解国际旅游者需求和痛点。例如，协会可以邀请国际旅游者进行座谈，了解他们对现有旅游App的意见和建议，并将这些信息反馈给企业，帮助企业更好地进行产品设计和功能优化。同时，协会可以举办旅游App创新大赛，设立专门的国际旅游者服务奖项，鼓励企业开发出更具创新性和实用性的外语版产品和服务。另一方面，加强企业间的合作与交流。鼓励旅游相关企业与科技企业、翻译公司等进行合作，共同开发面向国际旅游者的产品和服务。例如，旅游企业可以与专业的翻译公司合作，确保外语版App的翻译质量和准确性。科技企业可以为旅游企业提供技术支持，开发出更智能、便捷的功能，如语音翻译、智能推荐等。通过企业间的合作，实现资源共享、优势互补，提高产品和服务的质量和竞争力。

3. 品牌建设与推广

帮助企业树立品牌意识，通过品牌建设和推广来调动企业积极性。企业可以通过开发外语版产品和服务，打造国际化品牌形象。例如，一款受到国际旅游者广泛好评的外语版旅游App，可以提升企业在国际市场上的知名度和美誉度。企业可以利用这一品牌优势，进一步拓展国际市场，吸引更多的国际旅游者和合作伙伴。政府和行业协会可以组织企业参加国际旅游展会和交流活动，展示我国企业的优秀产品和服务。例如，在国际旅游交易会上，为企业提供专门的展位，展示外语版旅游 App 的功能和特色。通过这些活动，让更多的国际旅游者和行业人士了解我国企业的产品和服务，为企业拓展国际市场创造机会。

同时，利用社交媒体和在线旅游平台进行品牌推广。企业可以在国际社交媒体平台上开设官方账号，发布产品信息和用户评价，与国际旅游者进行互动。在线旅游平台也可以为优质的外语版产品和服务提供推荐位，提高产品的曝光度。通过品牌建设和推广，让企业看到开发国际旅游者适用产品和服务的市场潜力和商业价值，从而激发企业的积极性和创造力。

（四）鼓励国际旅游者积极学习中文措施

1. 针对国际旅游者的特征，开发中文学习与旅游相结合的产品。

课题组认为，开发专门针对外国游客的中文学习旅游产品是一种非常有效的方式。旅游机构可以设计"中文学习＋旅游体验"相结合的旅游线路，聘请专业的中文老师将中文学习与在中国的旅游体验活动有效结合。在行程上，每天安排一定时间用于中文学习。例如，早上游客吃完早餐开始一天的游览之前，安排专业教师带领游客从简单的日常问候语开始学习。综合采用游戏、角色扮演等互动式教学方法，让游客在轻松愉快的氛围中学习中文。例如，让游客分组进行购物场景的角色扮演，一方扮演顾客，一方扮演商家，用刚学的中文进行交易对话，如"这个多少钱？""可以便宜一点吗？"等句子。

此外，将中文学习融入旅游景点的参观中。在参观故宫等历史文化景点时，导游可以用中文和简单的外语双语讲解，重点讲解一些具有代表性的中文词汇，如古建筑的名称、历史人物的称谓等，并且在讲解结束后，鼓励游客用中文复述重点词汇或者句子，加深记忆。同时，为游客配备中文学习手册，手册上有景点相关的中文词汇、句子以及简单的拼音注释，方便游客随时查阅。

最后，设置中文学习成果展示环节。在旅游行程的后期，安排一个小型的中文展示活动，比如中文演讲或者中文歌曲演唱等。让游客展示自己在旅游过程中学到的中文知识，并且为表现优秀的游客颁发小奖品，激励他们积极学习中文，这样不仅能提高他们的中文水平，还增添了旅游的乐趣。

2. 充分利用移动应用和在线资源

首先，移动应用和在线资源的便利性可以很好地帮助外国游客提升中文水平。开发专门的中文学习移动应用是一个不错的选择。应用可以根据外国游客的需求设计不同的学习模块。例如，"生活场景"模块，包含了在餐厅、酒店、交通等场景下会用到的中文对话。每个对话都有音频和视频讲解，游客可以听到标准的发音，看到对话场景和对应的汉字、拼音。同时，应用可以设置语音识别功能，游客可以模仿发音，应用会对其发音进行纠正和评分，帮助他们提高口语水平。

其次，官方相关旅游网站可以开辟中文学习专栏，提供丰富的学习资料，如中文学习短视频，每个视频时长控制在几分钟，讲解一个具体的中文知识点，比如与中国传统节日相关的词汇或者旅游常用的问路对话等。还可以提供在线中文测试，游客可以定期进行测试，了解自己的中文水平进步情况。并且设置互动社区，游客可以在社区内分享自己学习中文的经验、遇到的困难，也可以与其他中文学习者或者中文教师进行交流，解答疑问。

最后，与社交媒体平台合作也是一个很好的途径。通过社交媒体平台发布有趣的中文学习内容，如中文绕口令、诗词朗诵等，吸引外国游客关注和参与。并且利用社交媒体的互动性，发起中文学习挑战活动，鼓励外国游客参与挑战，展示自己的中文学习成果，激发他们的学习兴趣。

3. 鼓励当地居民参与中文教学互动

当地居民是外国游客可直接接触的人群，鼓励他们参与中文教学互动能够营造良好的中文学习氛围。居民社区可以组织中文学习交流活动。例如，在外国游客集中居住的社区或者旅游热点地区的社区，定期举办"中文角"活动。当地居民和外国游客可以自由参加，活动中，居民可以作为中文教学志愿者，和外国游客一对一或者小组形式进行交流。居民可以用简单易懂的方式向游客传授中文知识，比如从自己身边的事物说起，用中文介绍社区的设施、周边的美食等。同时，居民可以分享一些中国的文化习俗，让外国游客在学习中文的过程中更好地了解中国文化。

餐厅、酒店等服务场所的工作人员也可以参与其中。在服务过程中，工作人员可以适当增加中文教学环节。比如，在餐厅，服务员在为外国游客点菜时，可以用中文介绍菜品名称，并且鼓励游客重复这些词汇。还可以在餐厅的菜单上添加简单的中文学习小贴士，如菜品名称的拼音和简单解释。酒店的工作人员可以在为游客提供服务的同时，教他们一些和住宿相关的中文词汇，如"客房服务""换床单"等。

此外，建立居民—游客中文学习伙伴制度。通过旅游机构或者社区组织，为有意愿的外国游客和当地居民牵线搭桥，让他们结成中文学习伙伴。在日常生活中，他们可以通过见面交流或者线上沟通的方式，进行中文学习和文化交流。当地居民可以帮助外国游客纠正中文发音、讲解语法知识，外国游客可以向居民分享自己国家的文化和语言，这种互动不仅能提升外国游客的中文水平，还能增进中外人民之间的友谊。

第七章

影响我国入境旅游安全气候的信息障碍及对策

一、问题描述

信息障碍也是影响国际旅游者在中国的旅游体验以及其对中国入境旅游安全气候感知的重要因素。与世界其他国家相比，我国有着自己非常特殊的国情，然而绝大多数国际旅游者受到多种因素的影响，在来到中国之前对中国并不了解，会面临显著的信息障碍。信息障碍又进一步带来更多现实困难，让很多国际旅游者感到忧心、焦虑和不安。具体而言，国际旅游者面临的信息障碍体现在以下层面。

（一）信息获取渠道的障碍

我国目前的互联网发展已经非常发达，在信息传播、生活服务、旅游指南等方面发挥着巨大的作用。然而，中国国内有自己惯常使用的互联网渠道，与国际上广泛使用的渠道非常不同。因此，对于外国游客来说，中国特殊的互联网渠道无疑构成了一道难以跨越的信息壁垒。

在搜索引擎方面，中国主流的搜索网站有着独特的算法和内容呈现方式，与国际上广泛使用的谷歌等搜索引擎存在较大差异。外国游客在习惯了谷歌等搜索引擎的操作模式和信息检索方式后，来到中国却发现无法使用熟悉的搜索工具，这使得他们在获取旅游、生活等活动所需要的准确信息时面临极大的困难。此外，国际上通常使用谷歌地图来进行导航，但我国使用的则是百度地图、高德地图等，造成外国游客无法正常使用自己熟悉的导航软件，也无法及时获取当地特色景点、美食推荐、交通路线等关键信息。一位英国旅游者在接受课题组采访时提到，"我在英国和其他国家导航都使用谷歌地图，都很准确，但是我来到中国后发现谷歌地图不能使用了。我之前做的攻略，想要去的地方，我都去不了，让我很慌，我不知道该怎么办"。这充分体现了信息获取渠道障碍给外国游客带来的困扰。

除了搜索网站，各类移动 App 也是外国游客面临的难题之一。例如，国际上各国更多使用的移动叫车软件是 Uber，而中国更多使用滴滴。事实上，中国拥有丰富多样的移动 App，涵盖了旅游、餐饮、购物、交通等各个领域。然而，外国游客并不熟悉中国的移动 App，在无法使用自己原本熟悉的软件时，很难迅速获知在中国应该下载和使用哪些软件。另外，目前国内的各类 App 通常是针对国内用户设计的，在语言设置、操作界面、功能说明等方面没有充分考虑外国游客的需求。一些旅游类 App 可能只有中文界面，外国游客在语言不通的情况下，难以理解其中的内容和操作方法。即使有部分 App 提供了英文版本，但翻译质量可能参差不齐，无法准确传达信息。在餐饮领域，外卖 App 虽然为中国居民提供了极大的便利，但外国游客可能不知道如何使用这些 App 订餐，也不清楚如何与外卖小哥沟通。

此外，社交媒体平台也是各类信息获取的重要渠道之一。在中国，微信、微博、小红书等社交媒体平台非常活跃，用户可以通过这些平台获取各种实时信息。但对于外国游客来说，他们不了解中国正在广泛使用的社交平台有哪些，即便下载也可能因为没有中国手机号而无法注册，并且不熟悉这些平台的使用方法，无法在上面找到有用的旅游信息和生活建议。不同的社交媒体平台有着不同的用户群体和信息传播特点，外国游客很难快速适应并融入其中。信息获取渠道的障碍不仅影响了外国游客在中国的旅游和生活体验，还可能让他们在遇到紧急情况时无法及时获得帮助。例如，外国游客在旅途中遇到身体不适或其他突发情况，他们可能不知道如何通过中国的互联网渠道寻求医疗救助或联系当地的救援机构。这无疑会增加他们的焦虑和担忧。

（二）酒店景区等设施的准入障碍

新冠疫情后，我国国际入境旅游者数量急剧攀升，住宿、游览等都是这些外国游客来到中国后的基本需求。然而，很多外国游客都表示来到中国后，遇到了不同程度的准入困难，最典型的就是酒店住宿的难题。

大多数外国游客在出发前，会通过国际旅游预订平台或其他渠道提前预订酒店，满心期待在中国的旅程能够有一个舒适的住宿环境。然而，当这些外国游客经过长途跋涉抵达中国后，却发现有些酒店无法接待他们。这种情况往往让外国游客感到困惑和无奈。因为他们在预订酒店时，通常已经在预订网站上仔细查看了酒店的介绍、评价以及价格等信息并进行了精心筛选后才进行预订，对酒店充满期待。然而，酒店却在他们抵达后告知无法接待外国人入住，无疑给他们带来了极大的困扰。虽然酒店能够返还预订费用，但对于刚刚抵达、疲惫不堪的旅游者来说，这并不能解决他们的现实困难。他们可能需要花费大量的时间和精力去寻找其他合适的住宿地方，而在一个陌生的国家，语言不通、环境不熟悉，这个过程会变得异常艰难。

一位来自澳大利亚的游客表示："我在网上预订了一家看起来很不错的酒店，但是当我到达酒店时，他们却告诉我不能接待外国人。我当时非常疲惫，又不知道该去哪里找其他合适的住宿地方，真的很糟糕。"这位游客的经历反映了许多外国游客在中国旅游时可能面临的困境。他们原本对旅程充满期待，却因为酒店无法入住而陷入焦虑和迷茫。在长途旅行后，身体的疲惫加上找不到住宿的压力，会让他们的旅游体验大打折扣。

另外，还有一些外国旅游者想要体验中国的不同类型的酒店，如传统中式风格的客栈或者现代化的精品酒店。他们被中国丰富多样的酒店类型所吸引，希望能够在不同的住宿环境中感受中国的文化和风情。然而，当他们想要预订自己的意向酒店并进行咨询时，一些酒店却表示无法接待外国人，让这些旅游者感到非常遗憾。他们可能已经对这些酒店充满了期待，想象着自己在独特的环境中度过美好的时光，却因为无法入住而不得不重新做出其他选择。

除了酒店的入住难题之外，还有很多外国旅游者表示中国的一些景区也无法正常接待他们，让他们同样感到困惑。部分景区受到政策要求，不向外国游客开放。这可能是出于一些特殊的考虑，如某些涉及国家安全、军事机密或者正在进行重大科研项目的区域。对于外国游客来说，他们在规划行程时往往难以提前知晓这些政策限制，当满怀期待地抵达景区却被拒之门外时，会感到十分意外和失落。他们可能不理解为什么这些景区不能对他们开放，也无法得知是否其他景区也存在这样的限制，这给他们的旅游计划带来了很大的不确定性。

还有一些允许接待外国游客的景区则可能是由于流量管控、特殊活动、景区维护等因素，暂时无法正常接待。在旅游旺季，为了保证游客的游览体验和安全，景区可能会采取流量管控措施，限制进入景区的游客数量。此外，一些景区在举办特殊活动期间，可能需要暂停游客入场来进行场地布置、安全检查等工作。但是外国游客可能不了解中国景区的这种管理方式，也没有提前通过其他渠道获得相关信息。当他们在景区排队到达入口却被工作人员告知不能进入时，会感到非常困惑。

（三）移动互联网背景下的支付难题

我国目前是世界上移动支付水平最发达、普及率最高的国家之一。在当今的中国，移动支付已经深入人们生活的方方面面，成为一种不可或缺的支付方式。我国居民已经完全习惯了使用支付宝、微信、云闪付等手机支付方式，无论是在大型商场购物，还是在街边小店买一瓶水，只要轻轻一碰即可轻松完成支付。这种便捷高效的支付方式极大地提高了人们的生活效率，减少了现金携带和找零的麻烦，也为商家和消费者带来了诸多便利。

然而，这种轻松便捷的移动支付方式却成为国际游客来到中国后的障碍。国际旅游者在自己国家以及其他大多数国家，仍然习惯使用纸质货币或者刷信用卡支付。但是来到中国后他们发现原本习惯的支付方式并不奏效，因为我国的各类消费场所都以移动支付为主，而外国游客对中国的移动支付方式极为陌生。一位爱尔兰游客向课题组提到，"我来中国之前特意换了人民币，但是我在上海的一个商店想要用一百元的纸币买一个冰激凌，商店老板说他没有纸币找零，让我使用手机支付。可是我不会，很难办"。

对于外国游客来说，不熟悉移动支付方式可能导致他们在购物、就餐、乘坐交通工具等方面遇到困难。首先，他们可能不知道如何下载和使用中国的移动支付 App。这些 App 的注册和使用流程可能比较复杂，需要绑定银行卡、进行实名认证等操作，对于外国游客来说可能存在一定的技术门槛。外国游客来到中国，可能对中国的手机应用市场不熟悉，不知道从哪里下载这些支付 App。即使找到了下载渠道，在注册过程中，也可能会遇到语言障碍，难以理解注册页面上的各种提示和要求。绑定银行卡也可能是一个难题，不同国家的银行卡体系不同，外国游客可能不清楚如何将自己的银行卡与中国的支付 App 进行绑定。进行实名认证时，可能需要提供中国的手机号码等信息，这对于外国游客来说可能不太容易。

其次，即使外国游客成功下载了移动支付 App，他们也可能因为语言障碍而无法理解 App 中的操作提示和功能说明。例如，不知道如何扫码支付、如何查看交易记录等。支付 App 中的操作提示通常是中文的，外国游客可能无法准确理解这些提示的含义。在扫码支付时，他们可能不知道如何正确地对准二维码，或者不清楚支付成功后的确认步骤。查看交易记录也是一个问题，外国游客可能不知道在哪里可以找到自己的交易记录，以及如何解读这些记录中的信息。

此外，一些商家可能只接受移动支付，不接受现金或信用卡支付，这也给外国游客带来了不便。他们可能会因为无法使用熟悉的支付方式而感到焦虑和无助。在旅游景点、小吃摊等地方，这种情况可能更为常见。旅游景点通常人流量大，商家为了提高收款效率，可能更倾向于使用移动支付。小吃摊等小商家可能没有配备刷卡设备，也不接受现金找零，这让外国游客在购买特色美食时面临困难。外国游客可能会因为无法支付而错过一些特色美食或纪念品，影响他们的旅游体验。他们可能会感到失望，觉得自己无法充分体验中国的文化和风情。

支付障碍在一定程度上影响了外国游客的安全感知。在一个陌生的国家，如果无法顺利完成支付，他们可能会担心自己的资金安全和旅游计划的顺利进行。他们也可能会担心在使用不熟悉的支付方式时出现错误，导致资金损失。而且，由于不熟悉移动支付的退款和投诉机制，他们在遇到支付问题时可能不知道如何解决，进一步增加了他们的担忧。如果在支付过程中出现错误，外国游客可能不知道如何申请退款或者向谁投诉。他们可能会感到无助，不知道该如何维护自己的权益。这种不安全感可能会影响他们在中国的旅游心情，甚至影响他们对中国的整体印象。

二、问题成因

（一）官方政策性因素

国际旅游者在中国目前面临的各类信息障碍有很大一部分原因与我国官方的各种政策密切相关。

首先，我国实行互联网管控政策，国外可以使用的一些软件在国内不能使用。一方面，互联网管控政策切实维护了我国的国家安全和国内的互联网环境。在当今全球化的时代，网络安全已成为国家安全的重要组成部分。随着信息技术的飞速发展，网络攻击、信息窃取等安全威胁日益严峻。通过管控国际通用的一些网站和软件，我国能够有效防范外部势力通过网络渠道对国家进行渗透、破坏和窃取重要信息。例如，某些国际社交平台可能被别有用心的人利用，传播不良信息、煽动社会不稳定因素，甚至进行间谍活动。禁止这些网站和软件的使用，可以减少国内民众受到不良信息影响的风险，维护国家的政治稳定和社会和谐。同时，国内也在积极发展自己的互联网产业，推动本土互联网企业创新发展，为民众提供更加安全、可靠的互联网服务。

另一方面，当前我国的互联网管控政策也确实给习惯了使用国际互联网服务的外国游客带来了不便。对于外国游客来说，他们在自己国家通常使用特定的搜索引擎、社交平台等互联网服务来获取信息、与家人朋友保持联系以及规划旅行。然而，来到中国后，由于这些互联网服务无法使用，他们可能会感到不适应。在信息获取方面，他们可能难以像在自己国家那样轻松地搜索到旅游景点介绍、交通线路、美食推荐等信息。例如，来自其他国家的游客可能习惯使用谷歌地图来导航，但在中国无法使用后，可能会在寻找目的地的过程中遇到困难。在与家人朋友沟通方面，一些国际社交软件无法使用，可能会影响他们及时分享旅行经历和保持联系。这使得外国游客在适应中国的互联网环境时需要花费更多的时间和精力，也可能在一定程度上影响他们的旅游体验。

其次，在酒店、景区的准入层面，之前我国对于外国人的接待确实有明确的规定，只有具备一定资质的酒店和景区才能够接待外国人。这些政策的目的一方面是为了确保服务提供商的资质，让外国游客能够体验高标准的服务。酒店和景区作为旅游服务的重要提供者，其服务质量直接关系到外国游客的旅游体验。这样的政策规定是为了确保服务提供商在设施设备、安全管理、服务水平等方面达到一定的标准。例如，具备资质的酒店可提供高水平外语服务，方便外国游客沟通交流。景区也可能会配备专业的外语导游，为外国游客提供详细的景点介绍和讲解。这样可以让外国游客在中国的旅行更加舒适、便捷，提升他们对中国旅游服务的满意度。

不过根据商务部等七部门发布的《关于服务高水平对外开放　便利境外人员住宿若干措施的通知》，已取消了酒店接待境外人员的资质门槛。相信能够极大地满足入境游客的住宿需求。

最后，我国对各类互联网服务、移动 App 的安全管理也较为重视，要求所有的互联网服务用户都需要实名注册，并且部分服务需要有实名绑定的手机号码进行验证，这一点同样给外国游客造成不便。在互联网时代，网络安全问题日益突出，实名注册和手机号码验证等措施可以有效提高互联网服务的安全性，防止虚假注册、恶意攻击、网络诈骗等行为。对于国内用户来说，实名注册和手机号码验证已经成为一种习惯，并且在一定程度上保障了他们的合法权益。然而，对于外国游客来说，这些要求可能会带来一些困扰。他们可能没有中国的手机号码，或者在注册过程中遇到语言障碍和操作困难。例如，在下载使用某些旅游相关的 App 时，外国游客可能需要进行实名注册和手机号码验证，但他们可能不清楚具体的操作流程，也不知道如何获取中国的手机号码。这可能会影响他们使用这些 App 获取旅游信息和服务的便利性。

（二）企业和商家因素

当前我国的一些企业和商家的部分行为，也成为造成国际旅游者在我国遭受信息障碍的重要原因。主要体现在以下方面。

第一，我国部分酒店和旅游接待场所，出于节约成本的因素，不愿主动接待外国游客。在当今竞争激烈的市场环境下，企业和商家往往需要在成本控制和业务拓展之间进行权衡。对于一些酒店和旅游接待场所来说，做好外国人接待可能需要投入一定的时间、精力和资金。这包括满足相关的硬件设施要求、培训员工以适应涉外服务标准等。在非一线城市和欠发达地区，这种情况尤为突出。

在非一线城市和欠发达地区，当地酒店因常年接待的外籍客人较少，盈利有限，主要将经营重心放在国内市场。这些地区的酒店可能主要依赖本地客源和国内游客，对于外籍游客的需求相对较低。他们认为投入资源去获得涉外经营资质难以得到明显的经济效益回报。

例如，对一家位于非一线城市的小型酒店而言，其主要客源以周边地区的商务旅客和国内游客为主，一年中来到该地的外籍客人寥寥无几。在这种情况下，酒店管理者可能会觉得涉外经营成本过高，而收益却不明显。他们更倾向于将有限的资金和资源用于改善国内游客的服务体验，以吸引更多的本地和国内客源，从而提高酒店的入住率和盈利能力。

对于旅游景区、酒店和一些相关的旅游接待场所，同样是考虑到成本因素，在雇用员工时不愿额外付出更多成本来雇用精通外语的员工。在旅游行业中，提供高质量的服务需要具备专业知识和语言能力的员工。然而，雇用精通外语的员工需要支付更高的薪资和培训成本。对于一些旅游接待场所来说，这可能会增加他们的运营成本，降低利润空间。例如，一家小型旅游景区可能需要雇用导游来为游客提供讲解服务。如果雇用一名精通英语的导游，可能需要支付比普通导游更高的工资。此外，还需要投入时间和资源对员工进行外语培训，以提高他们的语言水平和服务质量。对于一些规模较小的旅游接待场所来说，这可能是一笔不小的开支。

因此，目前我国国内的很多旅游接待场所仍然很难为国际旅游者提供高质量的外语服务，这给国际旅游者带来了很大的不便。当国际旅游者到达这些旅游接待场所时，可能会因为语言不通而无法顺利地获取信息、享受服务。例如，在酒店办理入住手续时，可能无法与工作人员进行有效的沟通，导致入住过程烦琐、耗时。在旅游景区，可能无法理解导游的讲解，无法充分领略景区的历史文化和自然风光。这不仅影响了国际旅游者的旅游体验，也可能对我国的旅游形象产生负面影响。

第二，目前我国很多企业和商家在发展理念和思想层面仍然存在明显的短视行为，对于我国正在不断发展、蒸蒸日上的入境旅游趋势视而不见，这也导致他们并没有采取相应的措施来提升自己的国际化视野和服务意识。在当今全球化的时代，入境旅游市场的发展潜力巨大。随着我国经济的快速发展和国际影响力的不断提升，越来越多的国际旅游者选择来中国旅游。然而，一些企业和商家却没有意识到这一趋势，仍然局限于传统的经营模式和服务理念。

尤其是很多体量比较小的企业或者个体商家，嫌麻烦，固守现状，认为改变现有的经营模式和服务方式需要投入大量的时间和精力，而且可能面临一定的风险。他们更愿意维持现状，继续为熟悉的国内客户提供服务，而不愿意去拓展国际市场，满足国际旅游者的需求。例如，一家小餐馆可能一直以来只提供中文菜单，服务国内顾客。当有国际旅游者前来就餐时，他们可能因为嫌麻烦而不愿意提供英文菜单或者翻译服务。

即便是在接受外国旅游者刷国际信用卡这件事上，目前我国很多小型商家都不愿采取措施来满足外国旅游者的多元化支付需求。在国际旅游中，支付方式的便捷性对于旅游者来说至关重要。然而，商家可能因为手续费、技术设备等原因，不愿意接受国际信用卡支付。这给外国旅游者带来了很大的不便，他们不得不需要携带大量现金或者寻找其他支付方式。有游客向课题组提到，他们想要在北京一家售卖旅游纪念品的商店购买一些产品，但是这家店无法接受国际信用卡，也没有现金找零，最后这些旅游者被迫离开，没有到购买心仪的商品，感到非常遗憾。这不仅影响了外国旅游者的购物体验，从长远来看也影响商家的长足发展。

（三）旅游者主观因素

除了上述因素之外，国际旅游者自身的主观性因素也是他们来到中国后面临各种信息障碍的重要原因。主要表现在以下方面。

第一，一些国际旅游者是受到中国官方发布的入境优惠政策影响，临时决定来中国旅游的，因此并没有为中国之行做好充足的准备。在当今全球化的时代，各国之间的交流日益频繁，旅游也成为人们生活中不可或缺的一部分。中国作为一个拥有悠久历史、灿烂文化和壮丽自然风光的国家，吸引着越来越多的国际旅游者。中国官方发布的入境优惠政策，如 144 小时免签政策等，为国际旅游者提供了更加便捷的入境条件，激发了他们来中国旅游的热情。然而，一些国际旅游者在得知这些政策后，往往临时决定来中国旅游，而没有充分考虑旅行的各种需求和可能遇到的问题。

一些外国游客甚至完全没有做任何攻略，而是临时起意买了机票就来到了中国。他们可能是被中国的某个景点、美食或者文化活动所吸引，一时冲动就决定踏上了中国之旅。这种毫无准备的旅行方式，使他们在到达中国后，对这个陌生的国家充满了困惑和不安。他们对中国的地大物博完全没有准备，到达之后才发现中国之大远超他们的想象。中国是一个地域辽阔、民族众多、文化多元的国家，拥有着丰富的旅游资源。从雄伟壮观的长城到秀丽迷人的桂林山水，从古老神秘的敦煌莫高窟到现代化的上海外滩，每一个地方都有着独特的魅力。

一位英国游客刚刚结束其在韩国的旅行，运用 144 小时免签政策来到了北京，他向课题组表示，"我没想到中国这么大，我以为我可以用两天时间玩遍北京，但事实上逛紫禁城我就用了一整天时间"。这位英国游客的经历反映了很多临时决定来中国旅游的国际旅游者的困境。他们在没有做好充分准备的情况下，来到中国后才发现自己对这个国家的了解远远不够。他们可能没有意识到中国的城市距离遥远，交通也需要花费一定的时间。在北京，仅仅是参观紫禁城就需要花费一整天的时间，更不用说还有其他众多的景点需要游览。如果他们提前做好攻略，了解北京的旅游资源和交通情况，就可以更好地规划自己的行程，避免浪费时间和精力。

第二，很多国际旅游者并不了解中国独特的国情和政策。在来中国旅游之前，国际旅游者应该了解一些基本的信息，如中国的货币、支付方式、交通规则、风俗习惯等。然而，一些临时决定来中国旅游的国际旅游者可能没有时间去研究这些信息，也不知道从哪里获取准确可靠的信息。有来自法国的游客跟课题组提到，"我一看到中国的 144 小时免签政策，就买了机票来了。下了飞机我才意识到，我什么都不知道，我甚至不知道应该如何支付从机场去市区的地铁票"。这位法国游客的经历说明了一些来中国旅游的国际旅游者在信息方面的匮乏。他们可能不知道中国的地铁系统是如何运作的，也不知道可以使用哪些支付方式购买地铁票。在中国，支付方式多种多样，包括现金、银行卡、移动支付等。对于国际旅游者来说，如果不了解这些支付方式，就可能会在购买地铁票或者其他商品和服务时遇到困难。

还有些游客虽然提前下载了一些软件，如谷歌翻译等，但是由于他们并不知晓部分软件在中国是无法正常使用的，导致他们来到中国后面临严重的信息障碍。在当今科技发达的时代，很多国际旅游者依赖手机软件来解决语言障碍和获取信息。然而，一些国际旅游者可能没有了解到中国的网络环境和软件使用规定，下载了一些在中国无法正常使用的软件。当他们来到中国后，发现这些软件无法使用，就会感到非常无助。他们可能无法与当地人进行有效的沟通，也无法获取准确的旅游信息和导航服务。

第三，绝大多数国际旅游者完全不会讲汉语，哪怕仅仅是一些最基本的口语交流也并未掌握。语言是交流的桥梁，在旅游过程中，语言的沟通能力至关重要。然而，对于大多数国际旅游者来说，汉语是一门陌生的语言，他们很难掌握。在中国，虽然很多地方都有英文指示和翻译，但在一些偏远地区或者小的场所，可能只有中文标识。如果国际旅游者不懂汉语，他们在这些地方就会遇到很大的困难。一些外国游客甚至连翻译软件都没有提前下载，来到中国后才发现很难与当地居民进行有效沟通，没有办法准确表达自己的需求。在旅游过程中，国际旅游者可能需要与当地人交流，了解景点的信息、询问线路、购买商品和服务等。如果他们不懂中文，又没有翻译软件，就很难与当地人进行有效的沟通。他们可能无法准确表达自己的需求，也无法理解当地人的回答。这不仅会影响他们的旅游体验，还可能会给他们带来一些安全隐患。例如，在遇到紧急情况时，无法用中文或者通过翻译软件与当地人沟通，就可能无法及时得到帮助。

三、具体对策

针对目前我国入境旅游如火如荼发展，越来越多的国际旅游者选择我国作为旅游目的地的趋势，以及国际旅游者在我国经常性遭遇酒店住宿和支付难题的现实问题，我国中央和地方有关部门都给予极大关注，已经陆续开始采取相关措施。课题组认为，未来还可以考虑从以下方面进行政策制定或调整，以有效帮助外国游客在我国入住酒店以及进行其他消费时畅通无阻。

（一）放宽对住宿企业涉外接待资质的相关限制

课题组认为，在不涉及危害国家秘密与安全的前提下，放宽对我国住宿行业涉外经营的审批与限制具有重要意义。随着全球化的不断推进，国际旅游市场日益繁荣，越来越多的外国游客来到中国，对住宿的需求也在不断增加。放宽对住宿企业涉外接待资质的限制，能够更好地满足外国游客的住宿需求，提升我国旅游行业的整体服务水平。

一方面，应当放宽对我国住宿行业涉外经营的审批与限制，凡是已经取得合法住宿业接待资格的酒店、民宿等都应向国际旅游者开放。目前，一些地区对住宿企业的涉外接待资质设置了较高的门槛，这使得部分酒店和民宿无法接待外国游客，限制了国际旅游市场的发展。如果放宽审批与限制，让更多的住宿企业能够接待外国游客，不仅可以增加住宿供给，还可以为外国游客提供更多的选择。例如，一些具有特色的民宿可以通过接待外国游客，展示中国的传统文化和民俗风情，提升中国旅游的吸引力。同时，这也有助于促进住宿企业之间的竞争，提高服务质量和管理水平。

另一方面，在保留当前住宿企业接待外国客人时需要进行登记并向公安出入境管理部门进行报备的前提下，尽可能简化相关程序，降低外国游客办理登记入住手续的成本，提高其住宿体验和安全感知。登记和报备是为了确保外国游客的安全和管理的需要，但过于烦琐的程序可能会给外国游客带来不便。因此，在保证安全的前提下，简化登记入住手续是非常必要的。可以通过信息化手段，实现登记和报备的在线办理，减少纸质材料的提交和人工审核的环节。例如，住宿企业可以通过与公安出入境管理部门的信息系统对接，实现外国游客信息的实时传输和审核，提高办理效率。同时，住宿企业也可以加强对员工的培训，提高他们办理登记入住手续的业务水平，为外国游客提供更加便捷、高效的服务。此外，简化登记入住手续还可以降低外国游客的心理负担，让他们感受到中国的开放和友好，提高他们的住宿体验和安全感知。

（二）通过政策引导，积极鼓励包括酒店、景区、旅行社等在内的旅游企业接待外国游客

当前越来越多的外国游客渴望来到中国，领略这个古老而神秘国度的独特魅力。然而，一些企业出于降低成本、减少麻烦的目的，对接待国际旅游者持非常消极的态度，这一现状也成为制约我国入境旅游发展的一个重要因素。为了改变这种局面，相关部门可以通过给予资金补贴、免费培训等措施，鼓励这些企业积极投身到我国入境旅游发展的大潮中。

对于酒店来说，接待外国游客往往需要投入更多的成本。例如，酒店可能需要招聘懂外语的员工，以便更好地与外国游客沟通交流；需要提供多语种的服务指南和标志，方便外国游客了解酒店的设施和服务；还可能需要对

员工进行跨文化培训，提高他们对不同国家和地区游客的服务意识和能力。这些额外的成本支出可能会让一些酒店望而却步，尤其是那些规模较小、盈利能力有限的酒店。相关部门可以设立专门的入境旅游发展基金，对国际化水平较高、积极接待外国游客的酒店给予一定的资金奖励或补贴，帮助酒店承担成本，提高酒店的接待能力和服务水平。

旅游景区也是吸引外国游客的重要场所。然而，一些景区可能因为担心外国游客的管理难度较大、安全风险较高等原因，不愿意接待外国游客。相关部门也可以考虑给予资金补贴、免费培训等措施，鼓励景区积极改善接待条件，提高服务质量。例如，可以对景区的基础设施建设、多语种标志系统建设、导游服务提升等方面给予资金支持。同时，可以组织专业的培训团队，为景区工作人员提供免费的外语培训、跨文化交流培训等，提高他们的服务能力和水平。通过这些措施，可以让景区更加自信地接待外国游客，展示中国的自然风光和历史文化。

旅行社在入境旅游中也起着至关重要的作用。旅行社可以为外国游客提供专业的旅游规划、导游服务、交通安排等一站式服务，让外国游客的旅行更加便捷、舒适。然而，一些旅行社可能因为担心外国游客的需求复杂、服务难度大等原因，而不愿意拓展入境旅游市场。相关部门可以给予资金补贴和政策支持。例如，可以对组织入境旅游团队达到一定规模的旅行社给予奖励，或者对开发特色入境旅游产品的旅行社给予资金扶持。同时，可以为旅行社提供免费的市场推广支持，帮助他们在国际市场上宣传推广中国的旅游资源和产品。此外，还可以组织旅行社参加国际旅游展会和交流活动，拓展国际业务渠道，提高中国旅游的国际知名度和影响力。

（三）打通国际旅游者在国内的支付链条，帮助其实现无障碍支付

支付问题是目前国际旅游者在中国面临的一个重要障碍。考虑到国际旅游者原有的支付习惯，一方面可以鼓励和要求重点区域的商户支持国际信用卡支付，并实现现金兜底，保障外国旅游者无障碍使用国际信用卡和人民币

现金支付。国际旅游者在自己的国家通常习惯使用本国信用卡进行支付，因此，在中国也希望能够继续使用这种支付方式。重点区域的商户，如旅游景点、酒店、餐厅、购物中心等，应该积极支持国际信用卡支付，为外国游客提供便利。同时，由于一些外国游客可能更倾向于使用现金支付，因此商户也应该实现现金兜底，确保能够接受人民币现金支付。例如，在旅游景点的售票处、酒店的前台、餐厅的收银台等地方，应该标明接受国际信用卡和人民币现金支付，并配备相应的支付设备和找零现金，让外国游客在支付时更加放心和便捷，提高他们的旅游体验。

另一方面，打通支付链条，实现国际信用卡和国际手机号码在支付宝、微信等国内支付方式上的有效绑定，让外国游客也可以在国内享受便捷的移动支付。随着中国科技的飞速发展，移动支付已经成为人们日常生活中不可或缺的一部分。支付宝、微信等国内支付方式不仅方便快捷，而且安全可靠，受到了广大消费者的喜爱。然而，对于外国游客来说，由于他们没有中国的手机号码和银行卡，无法直接使用这些支付方式。为解决这一问题，我国的支付企业可以与国际信用卡组织和电信运营商开展合作，让外国游客可以使用自己的国际信用卡和国际手机号码直接注册和绑定支付宝、微信等国内支付方式。如此一来，国际旅游者也可以在中国境内享受到便捷的移动支付，提高支付的安全性和效率，也能够让外国旅游者感觉更加安心。

（四）通过线上宣传与线下服务相结合的方式，帮助国际旅游者深入了解中国，做好在中国旅游的充分准备

将线上宣传与线下服务相结合，可以为国际旅游者提供全方位的帮助，让他们深入了解中国，做好在中国旅游的充分准备，从而有效提高国际旅游者在入境中国后的心理安全感知，也有利于他们拥有更好的旅游体验。

线上宣传在数字化时代具有广泛的传播范围和高效的传播速度，可以让国际旅游者在来中国之前对中国建立初步的认识和了解。例如，通过国际旅游者惯常使用的 Twitter、TikTok、Facebook、Instagram 等社交平台，宣传中国入境旅游的相关必备信息。这些社交平台在全球范围内拥有庞大的用户群体，是国际旅游者获取信息的重要渠道。我国的相关部门以及旅游企业可以充分利用这些平台，发布有关中国旅游的精彩图片、视频和文字介绍，展示中国的自然风光、历史文化、美食特色等。比如，可以制作一系列介绍中国著名旅游景区的短视频，如长城、故宫、兵马俑等，让国际旅游者在视觉上感受中国的魅力。同时，可以分享一些中国旅游的实用信息，如重点旅游目的地的基本信息、中国境内的支付方式、交通方式等，帮助国际旅游者更好地规划他们的行程。此外，还可以邀请一些国际旅游达人来中国体验旅游，并在社交平台上分享他们的经历和感受，通过他们的影响力吸引更多的国际旅游者来中国。

线下服务同样重要，能够为国际旅游者提供更加直接和有效的帮助。在我国重点入境城市的机场设立多语言的咨询平台，是一个非常有效的举措。当国际旅游者刚入境时，可能会感到迷茫和困惑，不知道该如何开始他们的中国之旅。多语言的咨询平台可以为他们提供及时的帮助，解决他们的各种问题。例如，帮助刚入境的国际旅游者进行支付方式绑定。工作人员可以向他们介绍中国的各种支付方式，如支付宝、微信支付等，并帮助他们下载相应的应用程序，进行支付方式的绑定。同时，还可以为他们提供现金兑换服务，确保他们在旅途中有足够的资金。在住宿预订方面，咨询平台可以为国际旅游者提供附近酒店的信息和预订服务，根据他们的需求和预算推荐合适的住宿地点。工作人员可以帮助他们联系酒店，确认房间的可预订情况。对于旅游线路规划，咨询平台可以提供专业的建议和地图，帮助国际旅游者制定合理的旅游线路。工作人员可以根据他们的时间和兴趣爱好，推荐一些热门的旅游景点和特色活动，如参观博物馆、品尝美食、观看演出等。同时，还可以为他们提供交通指南，告诉他们如何乘坐公共交通工具到达各个景点。

第八章 影响我国入境旅游安全气候的文化冲突及对策

一、问题描述

（一）饮食文化方面的冲突

中国的饮食文化历经数千年的发展与传承，早已成为中华文化的重要组成部分。此外，我国地大物博，不同的地域食材、烹饪方法、口味偏好都有着显著不同，人们的饮食和行为习惯也各有特征。这种多样性使得中国的饮食文化更加丰富多彩，是中国旅游吸引力的重要组成部分。然而，由于我国的饮食文化与西方国家迥然不同。国际旅游者来到我国后，也会经历多方面的饮食文化冲突，主要体现在以下方面。

第一，我国在就餐时主要采用合餐制。在中国的餐馆或者家庭的餐厅，人们习惯围坐在一起，共同分享桌上丰盛的菜肴。在合餐制中，人们可以品尝到各种不同的菜肴，分享美食的快乐，增进彼此之间的感情。然而在世界上很多其他国家，尤其是西方，人们主要采用分餐制。每个人都有自己的专属餐盘和餐具，食物也会被分配到每个人的盘子里，大家只会食用属于自己的食物。这种分餐制强调个人的独立性和卫生习惯，很多外国游客来到中国后，十分不习惯中国的就餐方式。他们可能会觉得合餐制不够卫生，担心食物会被其他人的餐具污染。例如，一位来自美国的游客提到，他对中国的合餐制感到非常困惑。在他自己的国家，已经习惯了分餐制，来到中国后看到大家围坐在一起，用筷子从同一个盘子里夹菜，会担心自己吃到别人的口水从而出现卫生问题。这种就餐方式方面的文化差异可能会让外国游客在就餐时感到不安，影响他们的用餐体验。

第二，中国餐桌上的劝酒文化。在中国传统文化中，劝酒行为体现了主人的热情好客，希望客人能够尽情享受美食和美酒，感受到主人的真挚情谊。酒被当成重要的社交媒介，拉近人与人之间的距离，增进感情。因此，中国的很多地方都有这样的传统，主人热情地为客人的酒杯倒满美酒，然后大家一起干杯。这实际上是中国人用非常传统的方式来表达自己对客人到来的欢迎之情。然而不同国家的饮酒文化差异很大，在一些西方国家，人们饮酒比较随意，不会强行劝酒。所以很多国际旅游者很难适应我国的劝酒文化，一些游客可能会觉得自己在被强迫喝酒，引发不快情绪。例如，一位来自英国的游客表示，对中国的劝酒文化感到不适应，他在自己的国家习惯了自由饮酒，不会被别人强迫喝酒。来到中国后，看到主人不断地劝酒，会觉得很有压力。他可能会担心自己喝多了会不舒服，或者觉得这种行为不尊重自己的意愿。这种文化冲突可能会让外国游客在餐桌上感到尴尬和不自在，影响他们对中国文化的感受。

第三，我国餐饮中经常会使用一些外国游客可能无法接受的食材。中国的饮食文化丰富多样，食材的选择也非常广泛。一些在中国常见的食材，如动物内脏、鸡爪、鸭头、猪蹄等，在一些西方国家可能被视为不适合食用。这些食材在中国经过独特的烹饪方法，能够变成美味的菜肴，但对于外国游客来说，可能会觉得难以接受。例如，一位来自法国的游客提到，他对中国餐馆使用的一些食材感到惊讶，他在自己的国家很少见到动物内脏等食材被用于烹饪。来到中国后，看到餐桌上有这些食物会觉得很不适应，觉得这些食材看起来很奇怪。这种文化差异可能会让外国游客在选择食物时感到困惑，不知道该如何尝试中国的美食。

第四，我国餐饮文化中存在为客人夹菜以表热情的习惯。在中国，为客人夹菜是一种表达关心和热情的方式。主人会用自己的筷子夹起美味的菜肴，放到客人的碗里，希望客人能够品尝到最好的食物。这种行为体现了中国人的好客和热情，也是一种传统的礼仪。但是外国游客可能会无法接受，认为不够卫生。在一些西方国家，人们习惯用自己的餐具夹取食物，不会用别人的筷子为自己夹菜。例如，一位来自澳大利亚的游客表示，他对中国的夹菜习惯感到不适应。在澳大利亚，大部分人都习惯自己夹菜，不会接受别人为自己夹菜。来到中国后，看到主人为自己夹菜，会觉得很不习惯。但是他又不知道该如何拒绝，担心会让主人不快，这就更让他尴尬和不安。这也显示东西方餐饮文化的冲突可能会让外国游客在餐桌上感到不自在，影响他们对中国文化的体验。

（二）社交礼仪方面的冲突

一些国际旅游者在与课题组的交流中，提到了来到中国后在社交方面遇到的一些困惑，显示了我国与其他国家在社交礼仪方面的一些文化冲突。主要体现在以下方面。

第一，问候与闲聊尺度方面的差异所引发的困惑。

在中国，问候与闲聊是人们日常生活中重要的社交方式，充满着独特的文化特色。人们常常使用"吃了吗？""去哪儿？""干吗去？"这些问题来跟其他人打招呼或问候。这些问题其实并非真正关心对方是否真的吃了饭或者具体要去哪里、做什么，而是一种表达亲近和关心的方式。这些看似简单的话语，背后蕴含着丰富的文化内涵，是中国人之间开启交流的一种方式，如同一个温暖的开场白，拉近人与人之间的距离。但是这些问题对于国际旅游者来说往往会引发很多困惑。在西方国家，个人的饮食、行踪和活动安排通常被视为较为私密的信息，国际旅游者会认为这些问题都是自己的隐私，并不想回答。他们习惯的问候方式可能更加简洁和表面化，比如"Hello！""Good morning！"等，不会涉及如此具体的个人生活细节。

此外，在中国的社交场合中，互相了解彼此的生活情况被视为一种加深关系、增进友谊的方式。人们通过分享自己的经历和了解对方的故事，建立起更加紧密的联系。中国人天生热情好客，愿意跟别人交流聊天。在聊天过程中，中国人往往愿意询问对方的工作、情感、家庭状况等个人信息。对于中国居民而言，大家并不会认为对方在侵犯自己的隐私，能够理解这是对方在向自己表达热情和关怀。例如，在邻里之间、朋友聚会或者与陌生人的短暂交流中，人们可能会自然而然地询问对方的工作情况，关心对方的情感和婚姻状态，了解家庭成员、家庭生活等方面的情况。这种交流方式在中国文化中是常见且被接受的，人们通过这样的方式表达对他人的关心和关注。

但是国际旅游者可能会因为不了解中国的社会文化氛围而感觉到自己被侵犯了隐私，让其产生不安全、不舒服的感受。不同国家的文化对于隐私的界定和理解存在很大差异。在一些西方国家，个人的工作、情感和家庭状况被视为高度私密的内容，只有在非常亲密的关系中才会分享。当国际旅游者面对中国人的热情询问时，可能会感到不适应和困惑。他们可能会觉得自己的个人空间被侵犯，不知道如何回应这些问题。这种文化冲突可能会让国际旅游者在与中国人交流时感到紧张和不安，影响他们对中国文化的感受和体验。例如，一位来自欧洲的游客在与中国当地人交流时，被频繁的个人问题所困扰，不知道该如何回答，甚至可能会产生抵触情绪，认为中国人过于好奇和侵犯隐私。

第二，肢体接触与社交距离方面的差异所引发的困惑。

在中国，肢体接触在社交中有着特殊的意义，人们可能会用轻拍肩膀或手臂来表示友好和亲近。这种行为在中国文化中是一种自然而然的表达情感的方式，通常意味着关心、鼓励或者表示友好的提醒。例如，在朋友之间，当一个人遇到困难或者取得成就时，另一个人可能会轻拍他的肩膀表示支持或祝贺；在长辈与晚辈之间，轻拍也可以是一种关爱和鼓励的方式。但在一些西方国家，这种行为可能被视为不适当的身体接触。例如，一位美国游客可能会对这种突如其来的身体接触感到惊讶和不适，认为这是一种侵犯个人空间的行为。在西方文化中，个人空间和身体边界被高度重视。人们更习惯保持一定的身体距离，通过语言和眼神交流来表达情感，认为身体接触应该在特定的情境下进行，如亲密的家人和朋友之间的拥抱等。对于陌生人或者不太熟悉的人，过多的身体接触会被视为不礼貌和侵犯个人空间。

此外，中国人往往容易忽视与陌生人之间的社交距离。在中国的公共场合，人们可能会比较自然地靠近彼此，尤其是在拥挤的地方，如公交车、地铁、商场等。人们对于与陌生人之间的近距离接触相对较为习惯，不会觉得有太大的不适。这可能是因为中国人口众多，人们在日常生活中经常处于较为拥挤的环境中，逐渐形成了一种对近距离接触的适应。但是国际旅游者习惯了与其他人保持一定的空间距离。他们在本国受到人口较少、文化习惯等因素影响，对于个人空间的需求更为强烈。当他们来到中国，面对较为拥挤的公共场合和可能比较近的社交距离时，会感到不适应，可能会觉得自己的空间被侵犯，缺乏安全感。例如，一位来自北欧国家的游客提到，他在中国的地铁上感到不舒服，因为周围的人离他比较近，而在他的国家，人们在公共交通工具上通常会保持较大的距离。这种文化差异可能会让国际旅游者在与中国人交往和在公共场合活动时感到困惑和不安，影响他们在中国的旅游体验和对中国文化的理解。

第三，音量分贝和语音语调差异所引发的困惑。

在中国的许多公共场合，人们习惯以较高的音量交流。这一现象背后有着多方面的原因。一方面，中国文化强调热情和真诚，较高的音量往往被视为一种积极表达的方式，能够更好地传达情感和信息。在餐馆中，人们围坐在一起，高谈阔论，分享生活中的喜怒哀乐，这种热闹的氛围被认为是一种社交的乐趣。另一方面，中国人口众多，在一些拥挤的场合，较高的音量可以让对方更容易听到自己的声音。例如，在人流密集的车站，由于环境较为嘈杂，人们也会不自觉地提高音量以确保对话能够顺利进行。

然而，对于习惯安静环境的外国游客而言，这种氛围可能显得嘈杂甚至令人不安。一位来自日本的游客在其发布的中国旅游 Vlog 记录了这一幕场景，他在进入中国某个景区的时候，保安在大声说话，顿时让这位日本游客感到非常害怕和不安。事实上保安只是在用比较高的分贝来提醒大家排队入场，但是这位日本游客以为自己做了什么让保安愤怒的事情而深感不安。日本文化强调安静和秩序，人们在公共场合通常会保持较低的音量，以免打扰到他人。所以当这位日本游客突然听到保安的高音量提醒时，会产生强烈的反差感，从而引发不安情绪。

此外，中文语言具有音调抑扬顿挫的显著变化。当人们讲话声音较大时，这种音调的变化会更加明显，更容易使国际旅游者感到不安，以为人们在吵架或生气。中文的声调丰富多样，不同的声调可以表达不同的意思，这也使得语言在高音量下显得更加富有戏剧性。对于不熟悉中文的国际旅游者来说，他们可能无法理解这种音调变化的真正含义，只是单纯地从音量和音调的强烈程度上进行判断。例如，当两个人在热烈地讨论问题时，他们的声音可能会随着情绪的高涨而变大，音调也会更加起伏。对于国际旅游者来说，这种情况可能会让他们误以为双方在发生争执，从而产生紧张和不安的情绪。

第四，时间观念差异所引发的困惑。

在很多西方国家，人们非常注重时间的准确性和高效性，习惯严格按照时间表进行活动。在这些国家的社会文化中，时间被视为一种宝贵的资源，人们对其进行精心的规划和管理。例如，商务会议通常会准时开始和结束，这体现了对参与会议的各方的尊重以及对工作效率的追求。在商务场合，人们会提前做好充分的准备，确保在约定的时间能够准时开始讨论和决策，不浪费每一分钟。约会也会提前约定好具体时间并尽量遵守，这不仅是一种礼貌，更是一种对他人时间的尊重和对自己承诺的履行。在西方人的日常生活中，从日常的社交活动到重要的商务谈判，时间的准确性都被高度重视，成为一种社会规范和行为准则。

但在中国，时间观念相对较为灵活，尤其在一些非正式的社交场合，可能会出现迟到的情况，而且人们对迟到的容忍度相对较高。在中国文化中，人际关系和情感交流往往被赋予较高的价值。在一些非正式的社交场合，人们可能更注重人与人之间的互动和情感的沟通，而对时间的严格遵守可能会被认为过于生硬和缺乏人情味。例如，朋友之间的聚会或者一些社区活动，人们可能会因为各种原因而迟到，但这并不被视为一种严重的过错。相反，大家更关注的是最终的相聚和交流，而不是严格按照预定时间开始活动。

外国游客可能会对这种时间观念上的差异感到困惑和不满。比如，一位德国游客习惯了严谨的时间安排，他来到中国旅游时报名参加了一个由当地社区组织的文化宣传活动。他准时到达，但是发现其他人陆续迟到，活动开始时间比预定时间晚了很久，这让他觉得不受尊重和浪费时间。在德国文化中，准时是一种基本的美德，人们会严格遵守约定的时间，认为这是对他人和自己的负责。因此，当这位德国游客看到活动迟到的情况时，会感到困惑和失望，他认为组织者和参与者缺乏对时间的尊重，不重视这次活动。中国人则认为在一些不那么正式的场合下，适当的迟到并不是什么严重问题，而是一种灵活的处事方式，因为别人并不是故意迟到，可能是因为交通拥堵等不可控因素导致的。在中国，人们通常会理解和包容这些不可预见的情况，认为在社交场合中，人与人之间的关系和情感更为重要，不必过于拘泥于时间的准确性。

此外，在工作和生活的节奏上也存在差异。中国的生活节奏相对较快，人们在工作中可能会加班加点，追求高效率。这与中国快速发展的经济和激烈的竞争环境密切相关。在工作中，人们往往会投入大量的时间和精力，以实现个人和团队的目标。一些其他国家的人更注重工作与生活的平衡，下班后的时间通常属于个人，不会被工作打扰。在这些国家，人们认为工作是为了生活，但生活不仅仅是工作。他们会合理安排工作时间，确保有足够的时间用于休闲、家庭和个人兴趣爱好。一些外国游客在中国观察到，即便是休息日，在公园、景区等休闲场合，依然有中国人携带笔记本电脑在工作，这让他们难以理解。对于外国游客来说，休闲时间是用来放松和享受生活的，不应该被工作所占据。他们可能会认为中国人过于忙碌，缺乏对生活的享受和对个人时间的尊重。

（三）历史文化与宗教信仰的冲突

中国对于绝大多数国际旅游者而言，是一个全然陌生的崭新环境。当国际旅游者踏入这片土地时，他们往往带着对未知的好奇与探索的热情，但在完全不了解中国的传统文化和中国人民不同的宗教信仰的情况下，国际旅游者也会遭遇一些文化冲突。

第一，外国游客在参观中国的宗教场所时，有时会因不了解当地的文化习俗而出现不当行为，引发一些冲突。宗教场所在中国往往承载着深厚的历史文化和精神内涵。我国一些传统寺庙对于参观游览有很多禁忌和要求，这些要求背后蕴含着丰富的文化意义和宗教敬意。如进入大殿需脱帽，这一要求体现了对神圣场所的敬重。在中国文化中，头部被视为身体的重要部位，脱帽表示一种谦逊和敬畏之情。不随意拍摄佛像，是因为佛像在信徒心中具有极高的神圣性，随意拍摄可能被视为不恰当的行为。同时，拍摄佛像也可能会影响其他信徒的参拜和冥想。不背对神像，这是一种传统的礼仪规范，表达了对神灵的尊重和敬仰。不踩踏大殿门槛，在中国传统文化中，门槛被视为一种界限和象征，踩踏门槛可能被视为不吉利或不尊重的行为。

外国游客由于不清楚寺庙的礼仪要求，无意中可能就会违反这些禁忌而被视为对该寺庙以及寺庙修行人的不尊重，引发寺庙内工作人员的不满。例如，一位来自西方国家的游客可能在参观寺庙时，出于习惯或好奇，没有脱帽就进入大殿，或者在未经允许的情况下拍摄佛像。这可能会引起寺庙工作人员的注意和提醒，但如果游客不理解这些提醒的原因，可能会觉得工作人员过于苛刻或不友好。这种误解可能会导致双方的冲突和不愉快。此外，不同国家的宗教文化差异也可能导致外国游客对中国寺庙的礼仪要求感到困惑。在一些西方国家，教堂可能没有类似的严格要求，游客可以自由地拍照和参观。因此，当他们来到中国的寺庙时，可能会按照自己在本国的习惯行事，从而引发冲突。

第二，由于对中国历史的不了解，外国游客在参观一些特殊的历史纪念场所时可能也会出现不当的嬉笑、交谈等举止，冒犯到其他中国参观者和工作人员。中国的历史悠久而丰富，其中一些历史事件和纪念场所对中华民族具有极其重要的意义。例如，侵华日军南京大屠杀遇难同胞纪念馆是南京最具代表性的纪念场所。南京大屠杀是中国历史上一段极其惨痛的记忆，纪念馆是为了铭记历史、缅怀先烈、警示后人而设立的。在这样的场所，人们怀着沉重的心情前来参观，表达对遇难者的哀悼和对历史的反思。外国游客如果不了解这段历史的严重性，可能会在参观过程中出现不当的行为。比如，他们可能会因为对场馆的布局或展品感到好奇而嬉笑交谈，或者在不适当的地方拍照留念。这种行为会被其他中国参观者视为对历史的不尊重和对遇难者的不敬，从而引发冲突。

此外，中国有许多与抗战和独立历史相关的纪念活动和节日，如抗日战争胜利纪念日、国庆日等。在这些特殊的纪念日，各地会举办很多纪念仪式和活动。这些活动不仅是为了庆祝国家的胜利和独立，更是为了传承和弘扬民族精神。外国游客如果不了解中国近代以来经历的艰难独立过程，就很难理解这些庆祝活动背后深厚的民族和国家情感。例如，在抗日战争胜利纪念日，人们会举行庄严的纪念仪式，向抗战英雄致敬，表达对和平的珍惜。外国游客可能不明白为什么中国人会如此重视这个日子，也可能不理解纪念仪式的庄重性。他们可能会在这个时候表现得比较随意，或者不理解为什么周围的人会如此激动和感慨。这种文化差异可能会导致外国游客在参与这些活动时与中国人产生冲突和误解。

第三，饮食文化中的宗教影响也容易被忽略。中国是一个多民族国家，各民族有着不同的宗教信仰和饮食文化。例如，中国的一些少数民族信仰伊斯兰教，对饮食有严格的要求，在食材选择、加工方式和餐饮环境等方面都有特殊的规定。这些规定是基于伊斯兰教的教义和信仰，体现了对宗教的尊重和遵守。一些外国游客由于并不了解伊斯兰教和这些少数民族的特点，可能会违反餐饮礼仪，导致误会甚至冲突。比如，外国游客可能不知道清真餐馆不提供猪肉等禁忌食品，或者不知道在清真餐馆内要遵守特定的饮食规范。如果他们在不知情的情况下点了不符合清真要求的食物，或者在餐馆内做出不适当的行为，可能会引起餐馆工作人员和其他顾客的不满。

类似的情况也发生在其他少数民族的传统节日中，如外国游客对节庆习俗的不理解可能被当地人认为是不尊重。不同的少数民族在传统节日中有各自独特的庆祝方式和习俗。这些习俗往往与他们的宗教信仰、历史文化和生活方式密切相关。外国游客如果不了解这些习俗，可能会在参与节日庆祝活动时出现不当行为。例如，在一些少数民族的节日中，人们会穿着特定的传统服饰，进行特定的宗教仪式和庆祝活动。如果外国游客不了解这些习俗，可能会穿着不合适的服装或者做出不适当的举动，从而引起当地人的不满和误解。这种文化冲突不仅会影响外国游客的旅游体验，也可能会对我国民族的文化传承和发展造成一定的影响。

二、问题成因

（一）文化背景的隔阂

外国游客与中国文化之间的隔阂是导致文化冲突的根本原因之一。这种隔阂主要体现在外国游客对中国传统文化、习俗和行为规范的不了解。中国作为四大文明古国之一，有着数千年的漫长历史和深厚的文化底蕴。从儒家思想到道教和佛教，从多样的少数民族文化到深植社会的传统节日，这些丰富多彩的文化特色构成了中国独特的民族特质。然而，作为来自他国的国际旅游者，尤其是第一次访问中国的游客，很难在短时间内真正理解和把握这些复杂的文化背景。这种缺乏文化知识的现象使得许多行为被误解，进而引发不必要的文化冲突。

第一，对行为意义的误解。

文化背景的差异会直接影响游客对特定行为意义的解读。例如，中国的宗教场所如寺庙、清真寺等，因其历史悠久，承载着深厚的文化和宗教传统。在这些场所，许多行为规范源于对宗教信仰的尊重。像进入寺庙脱帽、保持安静、不随意拍摄佛像、不踩踏门槛等，这些礼仪可能在中国文化中被视为理所当然，但对来自其他文化背景的游客而言，这些行为往往是陌生的，甚至难以理解。尤其是对一些来自非宗教文化或宗教习俗不同的地区的游客而言，他们可能难以意识到这些行为的敏感性，从而无意间违反了当地的禁忌。例如，拍摄佛像在许多寺庙是被严格禁止的，因为在中国佛教文化中，这种行为可能被视为不尊重神灵。然而，一些外国游客可能因好奇而随意拍照，甚至在未经允许的情况下靠近佛像，这种行为极易引发冲突。

类似地，中国的清真餐厅对非穆斯林游客也有一定的行为规范，如禁止携带含有猪肉的食品进入。对于不了解伊斯兰教清真文化的外国游客来说，这种限制可能显得不合理甚至难以接受，但在少数民族地区或穆斯林社区，这些规定不仅仅是文化传统，也是宗教信仰的核心要求。缺乏对这些行为意义的理解，很容易导致游客的无心之举被当地人视为冒犯，进而产生冲突。

第二，语言障碍的放大效应。

语言障碍是文化隔阂的重要组成部分，并在实践中加剧了游客对文化规范的误解。在中国的许多历史遗址和宗教场所，尽管游客人数众多，但多语言信息标志仍然不足。例如，进入一些寺庙时常见的"脱帽""保持肃静""禁止拍照"等标志，大多以中文为主，英文或其他外语翻译较少甚至完全缺失。这种信息的缺乏让外国游客难以获取清晰的指导，甚至完全不知道相关要求。此外，许多宗教场所的工作人员可能不会流利地使用外语，进一步削弱了与外国游客之间的沟通效率。这种语言障碍使得游客更容易在无意中违反文化规范，引发不必要的矛盾。

同时，导游或讲解员的外语能力也存在不小的差距。在一些景区，导游通常只提供中文讲解，即使提供外语服务，也往往只是简略的翻译，忽略了许多文化细节的解释。例如，在中国的传统文化中，"敬香"是表达对神灵虔诚的一种方式，游客需以正确的姿势焚香。然而，如果导游未能用外语详细说明这一习俗，游客可能会错误操作，甚至将其视为普通的观光项目而失去敬意。这种信息的不对称不仅会引发误解，还可能让游客感到迷茫，甚至对文化规则产生不满。

第三，缺乏文化学习的机会。

外国游客与中国文化之间的隔阂不仅是语言和知识的差距，更在于缺乏适当的文化学习渠道。许多游客在出行前，并未深入了解目的地的文化背景和行为规范。这可能是由于缺乏相关的教育资源，也可能是游客对文化学习兴趣不足。一些旅游攻略和商业化宣传往往集中于中国的美食、景点和娱乐活动，而忽略了对文化细节的普及。例如，外国游客在参观长城、故宫等标志性景点时，更多关注的是拍照和打卡，而未能理解这些地方的历史和文化价值。此外，在少数民族地区，如西藏、新疆或内蒙古，许多游客仅将这些地区的文化视为异域风情，而非深入了解其背后的信仰和风俗。这种浅层次的认知使游客更容易在行为上偏离当地文化规范。另外，当前中国的文化输出和宣传也依然显著不足。尽管近年来中国通过电影、电视剧和书籍等方式加大了文化推广，但这些内容仍以娱乐为主，缺乏系统的文化知识传播。例如，很多游客通过武侠电影了解中国文化，却误以为这些影视剧中的夸张元素就是中国传统的真实体现。这种片面的印象进一步加剧了游客在实际场景中的困惑和误解。

第四，中国和世界其他国家在历史文化教育背景方面也存在显著不同。

世界上各个国家对于历史文化教育有着全然不同的体系建构和授课重点，而历史文化教育体系的构建往往基于一个国家的历史、社会需求以及价值观等多方面因素。在历史文化教育方面，外国游客所接受的本国历史教育内容和深度与中国的历史教育确实存在着很大不同。许多国家的历史课程主要围绕本国历史以及与本国关联紧密的世界历史事件展开，而对其他国家的历史，例如对中国近现代史等内容，没有给予足够关注。对于抗日战争等对中国有着深远意义的历史事件，可能只是一笔带过。

例如，欧美国家的历史教育更侧重于欧洲不同历史时期的政治、经济、文化发展，并详细讲授两次世界大战给欧洲各国带来的巨大变革。然而，在涉及亚洲国家在同一时期遭受的苦难和抗争时，往往只是简单提及，不会介绍很多细节。对于中国人来说，抗日战争是一段充满血与火的历史，是中华民族不屈不挠抗争的历史，参观相关纪念场馆实际上是对这段历史的缅怀和精神传承。但是历史教育背景的差异，使得外国游客无法像中国人一样深刻理解这些事件所承载的沉重情感和巨大意义。他们在参观中国历史纪念场所时，可能只是把这些场所当作普通的旅游景点，无法真正体会到其中蕴含的历史价值和情感内涵。

（二）东西方价值观的差异

课题组还认为，国际旅游者在中国遇到的文化冲突也与我国和世界其他国家，尤其是西方国家在价值观方面的巨大差异紧密相关。

第一，我国的集体主义价值观与西方个体主义价值观之间存在显著不同。

中国文化深受集体主义传统价值观的影响，这种文化价值观使得人们更加注重群体利益和人际关系的紧密性。在集体主义文化中，个人与他人的关系通常被视为构建社会稳定的核心，而不是个人自由或隐私的屏障。西方国家则主要是个体主义价值观，这种价值观念更注重每一个人类个体的感受，强调人与人之间保持适当的距离，保护个体隐私。成长在这两种不同文化价值观背景之下的中国居民和外国游客也因此在行为习惯、社交观念等方面存在显著不同。

中国人在日常生活中经常通过询问对方"从哪里来""吃饭了吗"等一些生活化问题来快速拉近关系，展现关心和善意。对于中国人而言，这些问题的用意并非真正想获取信息，而是一种礼貌的寒暄方式，目的在于建立对话和亲切感。例如，"吃饭了吗"在中国语境下的意义更类似于"你好吗"，与实际的用餐状况并无直接关联。然而这些问题在西方文化价值观里过于直接和具体，会被认为是在探查隐私，而非简单的问候。因此西方游客来到中国后，面对中国人热情地问候"吃饭了吗？""一会儿要去哪里玩？"等问题，会感到难以适应。

此外，中国人非常看重人际关系，认为了解对方的家庭背景、职业和生活状况是发展深厚友谊的必要步骤，因此在人际交往中会询问别人的家庭、工作等私密信息。事实上，中国文化中人际交往的"深度"往往依赖于彼此之间信息的共享，而这种共享包括许多在个人主义文化中被视为隐私的内容。这种观念在集体主义文化中非常普遍，但对于那些习惯于保留私人空间的外国游客来说，当被询问具体的个人信息时，同样可能会被误解为冒犯。

第二，我国传统文化的"关系导向"与西方文化中"规则导向"的差异。

关系在中国社会中具有深远的影响力，中国传统社会文化一直都呈现较为明显的"关系导向"特征。所谓关系，指的是在人际交往中更注重人情和关系网络的维护，这种导向深深扎根于中国悠久的历史和独特的社会结构之中，涉及人际交往、商业交易、职业发展等多个方面。在中国社会，人际关系被视为至关重要的资源，它不仅影响着个人的生活质量，还在很大程度上决定了一个人的社会地位和职业发展。在人际交往中，人们通过建立和维护良好的关系来增进彼此的感情，分享生活的喜怒哀乐。例如，亲朋好友之间经常互相拜访、聚会，在重要的节日和场合互相赠送礼物，以表达对彼此的关心和祝福。在商业交易中，关系也起着举足轻重的作用。许多合作伙伴在正式谈判前会通过共进晚餐、送礼等方式建立信任，这种方式被视为商业交往的重要环节。通过这些活动，双方可以更好地了解彼此的需求和期望，建立起深厚的信任关系，为后续的合作奠定坚实的基础。在职业发展方面，关系同样不可或缺。人们往往通过校友关系、家族关系等渠道来寻找工作机会，或者在工作中通过与同事、上司建立良好的关系来获得晋升和发展的机会。

相比之下，西方文化更加呈现"规则导向"的特征。在西方社会，法律和制度通常被视为解决问题和规范行为的主要依据。法律体系的完善和严格执行，使得人们在处理各种事务时更加注重遵循规则和程序。即便双方不熟悉或没有私人关系，合同和法律条款依然能够为交易提供可靠的保障。在商业场景中，西方企业通常更关注合同条款的细节，而非对方的个人背景或私下关系。合同的签订和执行是商业交易的核心环节，双方必须严格遵守合同中的各项规定，否则将面临法律的制裁。这种规则导向使得西方社会在处理事务时更加规范和透明，减少了人为因素的干扰，提高了效率和公正性。但也可能被认为缺乏人情味，因为在严格遵循规则的过程中，人们可能会忽略情感因素和人际关系的重要性。

这两种不同观念之间存在的差异，也是让外国旅游者在中国感到文化冲突的重要原因。例如，有的外国旅游者会发现，当他们想要去参加一些有一定门槛要求的活动时，直接预订无法实现，但是在中国当地朋友的帮助下，就可以达成，这种情况对于外国旅游者来说可能会感到困惑和不适应。他们习惯了按照规则和程序办事，认为只要符合活动的要求就应该能够参加。但是在中国，有些场景下需要发挥关系的作用，这一点可能会让外国旅游者觉得不公平或者不透明。事实上，这种差异并没有绝对的好坏之分，只是不同文化背景下的产物。中国的关系导向文化强调人与人之间的情感联系和互助合作，在一定程度上可以提高办事的效率和灵活性。西方的规则导向文化则注重公平、公正和透明，为社会的稳定和发展提供了有力的保障。外国旅游者在了解和适应这种文化差异的过程中，可以更好地理解中国文化的独特魅力，增进不同文化之间的交流和融合。

三、具体对策

（一）加快我国对外文化交流步伐，增进其他国家对我国的了解

消除文化冲突的关键在于增进我国与其他国家之间的相互了解，因此，加快我国对外文化交流的步伐、不断提升我国文化的国际影响力，是一项刻不容缓的任务。在全球化的今天，经济和技术的快速发展已经大幅缩短了各国之间的物理距离，但文化之间的鸿沟依然深深存在。要消除这种隔阂，我国需要在对外文化宣传和国家形象塑造方面采取更加多样化和系统化的措施。

第一，拓展国际社交媒体平台的应用范围。

当前，国际社交媒体平台如 TikTok、Twitter、Instagram 和 Facebook 已经成为跨国传播文化的主要渠道，这为我国文化的对外传播提供了广阔舞台。然而，与其他国家相比，我国在这些平台上的影响力和内容输出仍显不足。因此，中央及地方宣传部门需要更加积极地进入这些平台，利用其强大的传播能力和全球用户基础，加强我国文化的对外推广。在具体操作上，可以通过发布高质量的短视频、深度图文、播客等形式，全面展示中国文化的多样性与深度。例如，可以制作关于中国传统节日（如春节、中秋节）的专题视频，详细介绍其起源、意义和庆祝方式；也可以通过美食、服饰、建筑等细分领域的内容，展现中国文化的日常之美。此外，宣传内容应尽量使用目标语言，采用符合国际受众审美和习惯的叙事方式，以增加内容的吸引力和接受度。比如，在介绍长城或故宫时，不仅要展示其建筑之美，还要结合历史

背景，讲述背后的故事和文化意义，从而激发海外观众的兴趣与共鸣。

第二，加强与国际 KOL 的合作，拓展传播渠道。

在互联网传播中，与各领域在国际范围内具有广泛影响力的 KOL（Key Opinion Leaders，意见领袖）的合作，是提升中国文化知名度和国际影响力的有效手段。这些 KOL 通常拥有大量的粉丝和稳定的传播效果，他们对受众有着显著的引导能力。通过邀请国际 KOL 到中国实地旅游、体验文化，能够直接借助他们的视角与表达方式，将中国的文化与风景介绍给全球观众。例如，可以邀请国际知名的旅行博主、美食达人或文化评论家来中国体验少数民族地区的传统节庆活动，或参观历史遗迹，并通过他们的社交媒体向全球观众分享这些真实体验。这种"体验式传播"不仅能够拉近观众与中国文化之间的距离，还能避免传统宣传中过于官方化或单向输出的弊端。通过这种合作模式，观众不仅能了解中国的文化特色，还能感受到一种更为人性化的互动体验。在选择合作对象时，也需要结合不同国家和地区的文化特点。例如，在西方国家，可以选择以文化探索和多元视角见长的内容创作者；而在东南亚、中东等地区，则可以更注重推广那些能够体现中国与当地文化联系的内容。与此同时，要尊重 KOL 的创作自由，避免过度干涉内容制作，以保证宣传内容的真实性和吸引力。

第三，深化文化交流活动，构建多层次对话平台。

除了利用互联网平台进行文化传播，实体的文化交流活动仍然不可或缺。这类活动可以为不同国家的民众提供面对面接触中国文化的机会，有助于消除因语言或信息传播不对称而造成的误解。例如，可以在海外举办中国文化周或中国电影节，展映优秀的中国电影，同时安排导演、编剧等与观众互动，以多维度展示中国当代社会与历史文化的丰富性。在教育领域，加强与海外高校和研究机构的合作，设立更多的汉学研究中心、孔子学院等，也是一种促进文化交流的有效方式。例如，通过开设中国传统文化课程、举办学术论坛以及开展文化艺术展览，可以让更多海外学者和学生系统了解中国的历史与文化。此外，邀请海外学者访问中国，亲身参与到中国文化的学习与研究中，有助于构建国际文化交流的多层次对话平台。与此同时，可以更加注重文化领域的双向互动。例如，在对外推广中国文化的同时，也可以引入其他国家的文化艺术在中国展览或演出，促进中外文化的相互交融。这种双向互动不仅有助于提升中国文化的吸引力，还能展现中国开放与包容的国家形象。

第四，讲好现代中国故事，传递真实国家形象。

中国文化的对外传播不应仅局限于传统文化，还需要更多地讲述现代中国的故事。随着经济的崛起和技术的飞速发展，现代中国已经成为世界关注的焦点。然而，外界对现代中国的了解往往较为片面或带有偏见。因此，需要通过文化交流，帮助国际社会更加全面地了解当代中国的发展与成就。例如，可以通过纪录片或社交媒体内容，向世界展示中国在科技创新、绿色发展、脱贫攻坚等领域取得的巨大进步。同时，也可以通过真人故事的形式，展现普通中国人的日常生活、奋斗精神与社会变化。这样的内容不仅能够缩小文化距离，还能让海外观众更加真实地感受现代中国的活力与多样性。

（二）为国际旅游者开发和设计更具中国文化特色的旅游产品

针对外国游客的多元文化背景以及他们对我国文化认知的不足，课题组认为相关旅游部门和旅游企业可以设计专门的具有鲜明中国文化特色的旅游产品。

外国游客来自不同的国家和地区，他们各自有着独特的文化背景、价值观和生活习惯。当他们来到中国时，往往会因为对中国文化的不了解而产生困惑和误解，这就需要我们有针对性地为他们设计旅游产品，以帮助他们更好地理解和体验中国文化。目前，绝大多数来到中国的国际旅游者对了解和体验中国的文化具有浓厚的兴趣。中国拥有悠久的历史、灿烂的文化和丰富的旅游资源，对于外国游客来说具有很大的吸引力。他们渴望深入了解中国的传统文化、风俗习惯、艺术形式等，以丰富自己的旅游体验和人生阅历。然而，目前我国旅游行业能够为国际旅游者提供的相关旅游产品仍然较少，相关产品的宣传工作也并不到位。这就导致了很多外国游客虽然对中国文化充满兴趣，却不知道如何去了解和体验，或者只能通过一些有限的渠道获得一些碎片化的信息。

课题组认为，首先，可以为国际旅游者提供极具中国文化特色和地方氛围的文化体验活动，注重活动的互动性和参与性，让外国游客在愉悦的过程中了解和尊重中国文化。例如，组织外国游客参观中国的传统手工艺品制作工坊，如陶瓷、丝绸、剪纸等。在工坊里，专业的手工艺人可以向游客展示制作过程，并邀请游客亲自参与制作。通过亲身体验，外国游客可以更好地了解中国传统手工艺品的精湛技艺和文化内涵。又如，可以安排外国游客参加中国的传统节日庆祝活动，如春节、中秋节等。在节日期间，游客可以品尝传统美食、观看民俗表演、参与传统游戏等，感受中国传统节日的热闹氛围和独特魅力。此外，还可以组织外国游客进行中国传统文化的学习和体验活动，如书法、绘画、武术等。通过专业老师的指导，游客可以学习基本的技巧和方法，并亲自尝试创作。这些活动不仅可以让外国游客了解中国传统文化的艺术魅力，还可以增强他们的参与感和体验感。

其次，针对一些想要在中国长时间旅居的国际旅游者，旅游企业还可以与高校、文化机构等进行合作，为国际旅游者提供更加深入的各类富有中国特色的文化课程和培训。例如，可以与高校合作开设中文课程，帮助外国游客提高中文水平，更好地了解中国文化和社会。课程可以根据游客的不同水平和需求进行设置，包括初级、中级和高级课程。在教学过程中，可以采用互动式教学方法，如小组讨论、角色扮演、实地考察等，提高游客的学习兴趣和效果。此外，还可以与文化机构合作开设中国历史、文化、艺术等方面的课程和讲座。邀请专业的学者和专家为游客讲解中国的历史文化、艺术形式、哲学思想等，让游客深入了解中国文化的博大精深。同时，可以组织游客参观博物馆、美术馆、图书馆等文化场所，让他们亲身感受中国文化的魅力。还可以与当地的社区和民间组织合作，为外国游客提供一些志愿者服务和文化交流活动。例如，游客可以参与社区的环保活动、文化活动等，与当地居民进行互动和交流，了解中国的社会生活和文化传统。通过这些活动，外国游客可以更好地融入中国社会，增进对中国文化的理解和尊重。

（三）提升我国旅游从业人员的跨文化沟通能力

我国入境旅游当前蓬勃发展的良好趋势对旅游从业人员的专业能力和综合素质都提出了更高要求，尤其需要注重提升跨文化沟通的能力。

发展入境旅游需要我国旅游从业人员提供高水平的多语言服务。语言是沟通的桥梁，也是外国游客了解中国的重要工具。入境游客来自不同的国家和地区，使用多种不同语言。为了更好地满足他们的需求，旅游从业人员必须具备流利的外语表达能力，才能准确地传达信息、解答疑问、提供服务。除了国际最基本的通用语言——英语，还应涵盖其他一些主要客源国的语言，如日语、韩语、法语、德语等。另外，仅仅具备流利的外语技能对于解决国际旅游者在中国的文化冲突还远远不够，还需要我国旅游从业人员不断提升跨文化沟通能力。

不同国家和地区的游客有着与我国居民迥然不同的文化背景，往往会导致文化冲突的产生。因此，旅游从业人员既需要对中国传统文化、习俗等具有良好的知识储备，还需充分了解来自世界各地的游客们在不同文化背景下所形成的价值观念、饮食习惯、宗教信仰、社会风俗等。通过学习和了解世界各国不同的文化背景，旅游从业人员可以更好地理解外国游客的行为和需求，避免因文化差异而产生的误解和冲突。只有同时具备了这些知识和流利的外语技能，我国的旅游从业人员才能够选择最恰当的方式与来自世界各地的外国游客们进行良好的沟通，帮助其有效避免文化冲突，提升其在中国的整体旅游体验。

在实际工作中，具备良好的跨文化沟通能力的旅游从业人员可以根据不同游客的文化背景，灵活运用沟通技巧和方法。例如，在与外国游客交流时，注意语言的表达方式和语气，避免使用可能引起误解的词汇和句子。对于一些比较敏感的话题，如政治、宗教等，要谨慎处理，避免引发不必要的争议。尊重外国游客的文化习惯和信仰，尽力满足他们在饮食、生活等方面的需求，不强行推销或推荐不符合他们文化背景的产品和服务。对于一些注重个人空间和时间观念的外国游客，应注意服务尺度，在与他们交流时保持适当的身体距离，严格按照约定的时间提供服务。在处理文化冲突时，保持冷静和理智，以理解和包容的态度寻求解决方案。比如，当外国游客对某些中国的文化习俗表示不理解或不满时，要耐心地向他们解释这些习俗的由来和意义，争取他们的理解和尊重。

课题组认为，我国的旅游行政管理部门、文化部门等，应定时提供针对旅游从业人员（包括导游、酒店工作人员、景区讲解员等）的系统的跨文化沟通培训。这些培训应涵盖不同国家和地区的文化特点、跨文化沟通技巧、文化冲突的处理方法等多个层面。可邀请从事跨文化研究的学者为旅游从业人员讲解不同国家和地区的文化差异，让他们了解不同文化背景下人们的行为方式和思维模式。组织旅游从业人员到一些具有多元文化特色的地区进行实地考察，亲身体验不同文化的碰撞和融合，提高跨文化敏感度和服务意识。分析实际工作中的文化冲突案例，让旅游从业人员学习如何有效处理文化冲突，提高解决实际问题的能力。

鼓励旅游服务人员学习多种外语，提高语言沟通能力。不仅要掌握基本的日常用语，还要熟悉与文化相关的专业词汇和表达方式。例如，景区讲解员要能够用外语准确解释历史纪念场所的背景信息、文化意义以及参观时的注意事项。在讲解过程中，要注意使用准确的专业词汇，避免使用模糊或不准确的表达方式。比如，在介绍古建筑时，要能够准确地用外语介绍建筑的风格、特点、历史年代等。还要向外国游客介绍参观时的注意事项，如不能触摸文物、不能大声喧哗等，让他们在参观过程中遵守中国的文化习俗和规定。

此外，相关部门还可以建立旅游服务企业与外国游客的反馈机制，鼓励游客对具体企业和服务人员的跨文化沟通能力进行评价和建议，以便不断改进和提高服务质量。可以在旅游景区、酒店等场所设置游客意见箱或在线反馈平台，让游客能够方便地对旅游服务人员的跨文化沟通能力进行评价和提出建议。旅游行政管理部门和旅游企业要重视游客的反馈意见，及时对服务人员进行培训和指导，改进服务质量。如果有外国游客反映某个导游在讲解过程中未将注意事项讲解清晰，导致文化冲突问题出现。旅游企业可以及时安排该导游参加跨文化沟通培训，提高其服务水平。通过建立反馈机制，可以不断提高旅游服务人员的跨文化沟通能力，为外国游客提供更加优质的旅游服务。

结　语

　　我国历史悠久，文化底蕴深厚，旅游资源丰富，对世界各国人民具有极高的吸引力。加之我国近年来正在实施一系列入境简化和优化政策，更是吸引了越来越多的国际旅游者前来中国进行旅游休闲活动。本研究基于当前我国入境旅游如火如荼的现实背景，首先对我国入境旅游发展的历程和入境旅游的多层面价值进行了梳理，并分析了新冠疫情对我国入境旅游发展带来的影响。在此基础上，本研究提出了旅游安全气候的概念，即"旅游者于某一特定旅游目的地是否安全而做出的整体评估与认知，其实质是一种社会和文化结构的反映，体现了旅游目的地整体治理水平、服务能力与安全文化的综合状态"。然后，将旅游安全气候放置于入境旅游的情境之下，从国际旅游者的视角对我国入境旅游安全气候的构成维度、当前仍然存在的问题以及出现这些问题的原因展开了深层次分析，并尝试从不同视角提出问题的解决策略。

　　本研究认为，外国游客在入境我国并亲身体验了在我国的生活后，对我国的入境旅游安全气候总体上持非常积极和正面的态度。对相关数据进行分析之后，本研究将我国入境旅游安全气候解构为六个主要维度：社会治安与公共环境、风土人情与社会氛围、食品安全与医疗健康、公共设施与先进科技、严格安保与应急机制、绿色发展与环保理念。在此基础上，本研究继续从语言难题、信息障碍、文化冲突三个层面，对影响国际旅游者对我国入境旅游安全气候的现实问题以及问题的成因展开深入探究，并且尝试给出了多视角、多层次的解决策略。

　　本研究在理论层面为旅游安全、旅游者感知等研究内容提供了新的理论视角。具体来说，本研究首次将"安全气候"这一原本应用于组织行为学和管理学领域的理论系统纳入入境旅游的研究情境，提出了旅游安全气候的概念并对其进行了界定。既扩展了安全气候理论的应用边界，解释了旅游安全气候在入境旅游目的地吸引力建构和旅游者安全感知方面的重要作用，也为旅游安全的研究开辟了新的路径，为跨学科理论的融合与探索提供了成功范例。此外，不同于现有研究更多关注国内的旅游安全，本研究以国际旅游者为研究对象，也发展和补充了我国入境旅游安全的相关研究内容。

在实践层面，本研究也通过明确当前影响国际旅游者对我国入境旅游安全气候感知的现实问题，为未来我国进一步构建良好的国际入境旅游环境、提升国际旅游者在我国的安全感知和旅游体验等，提供了具有借鉴意义和可行性的建议。这些建议既能够为政府部门和行业协会不断优化相关政策、管理方案等提供参考，对旅游企业和旅游从业者转变理念、拓宽视野也有极大帮助。例如，本研究明确提出我国旅游从业者必须不断提升跨文化沟通水平，并且从政府部门、企业等层面给出了具体的提升方案。

尽管本书在理论与实践上均取得了显著进展，但是研究者也清晰地认识到，入境旅游情境下的旅游安全气候作为一个复杂而动态的社会现象，当前研究仍存在较多局限，仍有诸多未解之谜需要进一步探索。例如，本研究在样本数量和客源国范围方面仍然较为有限，研究结论也可能会因此受到一定影响；再如，旅游安全气候的形成与变化是一个动态的过程，本研究更多聚焦于某一时点的数据分析，未能充分揭示时间维度上的演变规律。希望未来研究者能够在本书基础上，结合技术进步与多学科视角，继续推动该领域的研究，为我国入境旅游事业和全球旅游业的可持续发展贡献智慧。

策划编辑：李志忠
责任编辑：林昱辰
责任印制：钱　宬
封面设计：中文天地

图书在版编目（ＣＩＰ）数据

国际旅游者视角下的我国入境旅游安全气候研究 /
张若阳，陈磊著 . -- 北京：中国旅游出版社，2025.
5. -- ISBN 978-7-5032-7505-0

Ⅰ．F592.6

中国国家版本馆 CIP 数据核字第 2024HT0873 号

书　　名：国际旅游者视角下的我国入境旅游安全气候研究

作　　者：张若阳　陈磊　著
出版发行：中国旅游出版社
　　　　　（北京静安东里6号　邮编：100028）
　　　　　https://www.cttp.net.cn　E-mail:cttp@mct.gov.cn
　　　　　营销中心电话：010-57377103，010-57377106
　　　　　读者服务部电话：010-57377107
排　　版：北京旅教文化传播有限公司
经　　销：全国各地新华书店
印　　刷：北京明恒达印务有限公司
版　　次：2025年5月第1版　2025年5月第1次印刷
开　　本：720毫米×970毫米　1/16
印　　张：14
字　　数：197千
定　　价：39.00元
ISBN　978-7-5032-7505-0